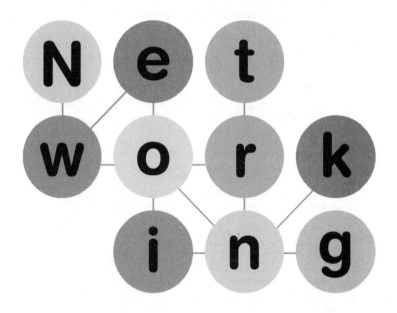

Parce qu'on n'a jamais
trop d'amis

Infographie : Johanne Lemay
Correction : Anne-Marie Théorêt
et Céline Vangheluwe

Catalogage avant publication de Bibliothèque et Archives nationales du Québec et Bibliothèque et Archives Canada

Morissonneau, Didier

Networking : parce qu'on n'a jamais trop d'amis

Texte en français seulement.

ISBN 978-2-7619-3370-4

1. Réseaux sociaux. 2. Relations humaines.
3. Communication interpersonnelle. I. Titre.

HM741.M67 2013   302.3   C2013-940405-8

Gouvernement du Québec – Programme de crédit d'impôt pour l'édition de livres – Gestion SODEC – www.sodec.gouv.qc.ca

L'Éditeur bénéficie du soutien de la Société de développement des entreprises culturelles du Québec pour son programme d'édition.

 Conseil des Arts   **Canada Council**
du Canada   **for the Arts**

Nous remercions le Conseil des Arts du Canada de l'aide accordée à notre programme de publication.

Nous reconnaissons l'aide financière du gouvernement du Canada par l'entremise du Fonds du livre du Canada pour nos activités d'édition.

02-13

Dépôt légal : 2013
Bibliothèque et Archives nationales du Québec

ISBN 978-2-7619-3370-4

DISTRIBUTEURS EXCLUSIFS :

Pour le Canada et les États-Unis :
MESSAGERIES ADP*
2315, rue de la Province
Longueuil, Québec J4G 1G4
Téléphone : 450-640-1237
Télécopieur : 450-674-6237
Internet : www.messageries-adp.com
* filiale du Groupe Sogides inc.,
  filiale de Québecor Média inc.

Pour la France et les autres pays :
INTERFORUM editis
Immeuble Paryseine, 3, allée de la Seine
94854 Ivry CEDEX
Téléphone : 33 (0) 1 49 59 11 56/91
Télécopieur : 33 (0) 1 49 59 11 33
Service commandes France Métropolitaine
Téléphone : 33 (0) 2 38 32 71 00
Télécopieur : 33 (0) 2 38 32 71 28
Internet : www.interforum.fr
Service commandes Export – DOM-TOM
Téléphone : 33 (0) 2 38 32 78 86
Internet : www.interforum.fr
Courriel : cdes-export@interforum.fr
Pour la Suisse :
INTERFORUM editis SUISSE
Case postale 69 – CH 1701 Fribourg – Suisse
Téléphone : 41 (0) 26 460 80 60
Télécopieur : 41 (0) 26 460 80 68
Internet : www.interforumsuisse.ch
Courriel : office@interforumsuisse.ch
Distributeur : OLF S.A.
ZI. 3, Corminboeuf
Case postale 1061 – CH 1701 Fribourg – Suisse
Commandes :
Téléphone : 41 (0) 26 467 53 33
Télécopieur : 41 (0) 26 467 54 66
Internet : www.olf.ch
Courriel : information@olf.ch
Pour la Belgique et le Luxembourg :
INTERFORUM BENELUX S.A.
Fond Jean-Pâques, 6
B-1348 Louvain-La-Neuve
Téléphone : 32 (0) 10 42 03 20
Télécopieur : 32 (0) 10 41 20 24
Internet : www.interforum.be
Courriel : info@interforum.be

Didier Morissonneau

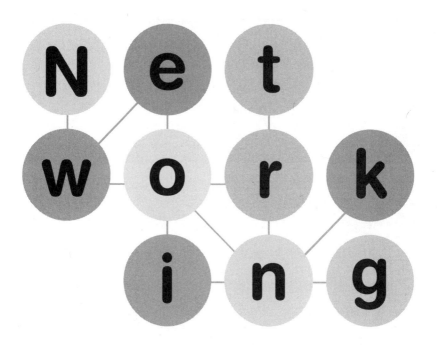

Parce qu'on n'a jamais
trop d'amis

LES ÉDITIONS DE
L'HOMME
Une société de Québecor Média

Introduction

La règle du 10 %

D ans le cadre de mon travail, je dois souvent donner des conférences devant des jeunes et des moins jeunes qui étudient dans le but de travailler dans mon domaine, le merveilleux monde du show-business. Ils veulent être gérants d'artistes, producteurs de spectacles, de films ou d'« événements ». Certains ne savent pas encore exactement ce qu'ils veulent faire.

Lorsque je commence mes conférences, je regarde toujours les gens devant moi et je leur annonce que, parmi eux, par exemple sur les vingt, seulement deux réussiront... S'ils sont trente, je dis trois. Dix pour cent, parce que je suis généreux et que je ne veux pas trop les décourager. En réalité, c'est moins que ça. Plusieurs vont abandonner avant d'atteindre leur but. Mais les gens ne se découragent pas trop en général à la suite de cette annonce. Parce que chacun est convaincu qu'il sera un « élu ».

Ce court essai ne porte pas sur le showbiz. Le message que je veux transmettre s'applique autant aux dentistes qu'aux garagistes ou au pape, bien que le pape, en matière de *networking*, n'ait de conseils à recevoir de personne.

Une petite note en commençant sur le mot « réussir ». Il faut faire très attention à l'utilisation de ce mot terrible qui sert souvent à condamner les différences. À condamner autant les poètes que les mères de famille. Petite mise en contexte pour expliquer ce que je veux dire exactement. Un jour, je prononce une conférence dans une école de théâtre, entouré de finissants. Ils ont fait l'effort de s'inscrire à cette école, de suivre tous les cours et d'y consacrer des années de leur vie. Ils en assument aussi les coûts, sans travailler professionnellement comme comédiens pendant la durée de leur scolarité (le règlement de l'école l'interdit). La plupart d'entre eux rêvent de ce métier depuis l'enfance ou l'adolescence. Pour eux, la définition du mot « réussir », c'est « réussir le plan A », c'est-à-dire devenir comédiens. Pour d'autres, le plan A peut être d'avoir des enfants ou de traverser la Manche à la nage. Le mot « réussir », pour moi, n'a aucun lien avec l'argent ni même avec ce qu'on appelle le succès professionnel. Il est simplement relatif au plan A, qui diffère pour chacun d'entre nous.

Je disais donc 10 %. Et ne pensez pas que c'est parce que le domaine du théâtre est contingenté. Il l'est, mais le domaine de l'arpentage géométrique aussi. Non, ça n'a rien à voir. En cours de route, déjà, plusieurs vont « s'égarer ». Il y a ceux qui changent d'idée, qui découvrent un domaine qui les intéresse encore plus. Ou ceux qui changent de vie, qui fondent une famille, par exemple, et qui découvrent ainsi d'autres champs d'intérêt ou un nouveau sens à la vie. Quant aux autres, les vaillants motivés qui ne dévient pas en chemin, ils ne sont plus que la moitié des vingt ou trente personnes du début, mais seulement deux ou trois parviendront à leur but, pas plus. Le plus surprenant, c'est que ce ne sont pas nécessairement ceux qu'on pense qui réussiront le mieux.

Ce livre ne traite pas de motivation, mais tente plutôt d'expliquer pourquoi la plupart des étudiants échoueront, et pourquoi seulement une infime minorité d'entre eux réussiront.

Et, surtout, je vais vous enseigner à vous servir du *meilleur moyen pour être dans les 10 %*.

Pour que vous arriviez à vos fins, je vous propose l'étude d'un art, d'une fonction, d'une science nouvellement nommée, mais ancienne comme la nuit des temps : le *networking*.

On n'apprend pas le *networking* à l'école

Comme la gestion des finances personnelles, les secrets d'une relation amoureuse réussie et la maîtrise d'une cuisine simple et bonne, le *networking* fait partie de cette longue liste d'apprentissages que l'école ne nous enseigne pas. Et c'est bien dommage, car ce sont là des connaissances fort importantes pour réussir notre vie en général. Ce serait pourtant si simple d'incorporer les notions de base du réseautage humain entre deux cours de mathématiques !

Pendant près de cinq ans, au cégep et à l'université, j'ai étudié le cinéma. J'ai vu des centaines de films importants, acquis une intéressante culture cinématographique et appris tous les rouages de l'industrie. Mais jamais un professeur ne nous a expliqué que le fait de *connaître* des gens qui travaillent dans le milieu du cinéma pouvait nous aider à nous faire une place au soleil en tant que jeunes cinéastes.

Vous pouvez appliquer ce que je viens d'écrire à n'importe quel champ d'études. Donc, dans l'état actuel des choses, et avant que des programmes d'enseignement de l'art du *networking* soient instaurés dès l'école primaire, il faudra en *deviner* l'importance, ou l'avoir *en soi*. J'ai eu cette chance.

Fêtes d'anniversaire, jeux de groupe avec les amis d'école, puis, plus tard, troupes de théâtre, *partys* de toutes sortes, soupers d'amis et tournées de bar, j'ai toujours aimé «organiser» des événements pour rassembler les gens et créer des liens entre eux et moi. Et entre eux... et eux.

C'est sans doute pour ça que la nature m'a poussé tout naturellement vers le milieu du spectacle, où j'exerce mon métier depuis plus de vingt ans comme producteur, gérant, directeur artistique. Pour faire ce que je fais, il faut aimer les gens. Il faut regrouper beaucoup de personnes autour de soi et organiser des événements pour en attirer d'autres. Être producteur de spectacles, c'est comme organiser une fête d'amis, à ceci près que la fête en question implique de louer un aréna, de demander de l'argent à tous ceux qui veulent venir à la fête, et d'être heureux de voir arriver au *party* 15 000 personnes avec dans la main un billet de 100 $. Voilà l'image. Pour réussir la fête, il faut qu'il y ait plusieurs dizaines d'amis qui travaillent avec vous de manière efficace... Et dans la joie, en plus.

J'ai toujours eu dans mon ADN ce désir de bien m'entourer, d'être un être *social*, et la capacité de faire tout cela avec une relative facilité. Mais ce n'est que lorsque j'ai découvert l'application sérieuse des principes du *networking* que ma vie a pris un autre tournant. À partir de ce jour-là, j'ai commencé à avoir des relations dans plusieurs pays du monde, à prendre soin de ces gens, à les visiter régulièrement, à connaître des individus de différents milieux, à toujours me faire de nouveaux contacts, de nouveaux amis. Tout a beaucoup mieux fonctionné dans ma vie le jour où j'ai compris... qu'on n'a **jamais trop d'amis.**

Ma vision du *networking*

«*Networking*» est un mot anglais. En français, il est souvent traduit par le néologisme «réseautage». Les dictionnaires français qui acceptent le mot le définissent comme étant le fait de se constituer un réseau de relations et de savoir en tirer parti, notamment dans un but professionnel.

Histoire de mettre tout le monde à l'aise, je vais d'abord vous avouer ceci: j'ai exactement la même réserve, la même timidité et la même peur que la plupart des gens à l'idée de me présenter à des inconnus et de leur serrer la main. Cela me met mal à l'aise. D'ailleurs, je ne le fais pas non plus. *Parce que ce n'est pas ça, faire du networking.* Le *networking*, c'est d'abord l'art de créer autour de soi un réseau et de le maintenir. C'est aussi rendre service à ses contacts et utiliser le réseau au besoin pour débloquer des dossiers. Ce n'est pas uniquement l'art de se faire de nouveaux amis ou de parler à des étrangers.

Vous n'avez pas besoin de courir après les nouveaux amis et les nouvelles connaissances. Ils vont venir à vous. Cependant, gardez en tête que, pour parfaire votre maîtrise du réseautage, vous devrez à tout le moins être disponible et ouvert à de nouvelles rencontres. Toutes les semaines, nous sommes appelés à rencontrer de nouvelles personnes. On vous les présentera, ou ces gens se présenteront à vous d'eux-mêmes. Je vous suggère, seulement si le premier contact a été agréable et intéressant, de garder ces nouvelles connaissances dans vos contacts actifs et de leur donner des nouvelles de temps en temps.

Un réseau, c'est avant tout une série d'inter-connexions. Comme une toile d'araignée. Imaginez votre réseau humain comme un réseau informatique ou un réseau routier. Chaque personne autour de vous est un sentier que vous pouvez emprunter pour vous rendre à l'autoroute qui vous fera parcourir les trois Amériques. Les chemins se croisent, s'éloignent, se recroisent. Il n'est pas exact de dire que « tous les chemins mènent à Rome ». Pour se rendre à Rome, il faut plutôt prendre une suite de chemins, l'un vous menant à l'autre, et ainsi de suite, jusqu'à destination.

Il faudra donc, pour vous rendre à bon port, que vous empruntiez votre réseau routier. Vous comprendrez que votre carte routière, c'est votre carnet d'adresses.

D'ailleurs, en parlant avec des amis lors de la rédaction de ce livre, je me suis rendu compte que les gens ont souvent de belles anecdotes au sujet du *networking*. Tous ceux qui réussissent sont forcément des gens qui ont appris, parfois par instinct, à travailler avec l'aide de leur réseau personnel. Au cours de la lecture de ce livre, vous ferez connaissance avec des personnes de mon réseau qui ont de belles histoires de *networking* à raconter...

Le *networking,* une science universelle

Avant de poursuivre, je voudrais m'attarder un instant sur le *guanxi,* mot mystérieux qui nous fait comprendre que le *networking* est une science qui traverse les âges et les pays.

Le *guanxi* est un très ancien concept en Chine. Les traductions officielles françaises lui donnent la signification de «relations» ou de «réseau de contacts». Dans l'approche *guanxi,* deux individus peuvent se prévaloir du privilège de se solliciter, de se rendre un service ou de se faire une faveur. C'est le principe, comme on dirait au Québec, du «tu m'en dois une». C'est une des bases du *networking,* mais érigée en système, presque en religion.

En Chine, passer par une relation pour obtenir quelque chose n'a aucune connotation négative. Ce sont les personnes qui possèdent le plus grand réseau de connaissances qui sont les plus performantes. Et, avec 1,34 milliard d'habitants, force est d'admettre qu'un bon réseau est important pour se démarquer !

Nous avons tendance à considérer la Chine comme un pays exotique où tout est différent, mais, la vérité, c'est que la Chine est différente de la France comme la France est différente de l'Inde, du Vietnam ou des États-Unis. En fin de compte, on fait des affaires d'une manière différente. La force du réseau, par contre, est répandue universellement.

Bref, le *guanxi*, mes amis, ce n'est pas juste pour les Chinois.

Les raisons de faire confiance au *networking*

Pourquoi faire confiance au *networking*? Commençons par deux bonnes raisons: votre réseau a le potentiel de vous sortir du pétrin, mais aussi de vous faire avancer dans différentes sphères de la vie. En soi, c'est déjà pas mal, n'est-ce pas?

Pourquoi lui et pas moi?

Partout autour de vous, dans votre classe de finissants, au bureau, vous regardez les gens, les analysez, les jugez. Je suis convaincu qu'il y a au moins une personne que vous admirez, un collègue que vous trouvez brillant, talentueux, hors pair. Celui-là, avec peut-être une pointe de jalousie, ou au contraire une belle fierté d'être un de ses proches, vous lui prédisez un avenir resplendissant. Et il y a aussi au moins une personne dont vous vous dites qu'elle « n'a pas d'affaire là ». Vous pensez qu'il s'agit d'une erreur, que vous êtes nettement plus qualifié ou talentueux qu'elle. Et celui-là vous lui prédisez — et même lui souhaitez — une disparition rapide en forme de réorientation de carrière. Sachez cependant ceci : il est possible que, dans dix ans, vous vous demandiez ce qu'est devenu ce collègue si brillant et talentueux, ou que, en allumant le téléviseur, vous aperceviez celui dont vous aviez souhaité la disparition en train d'animer une émission d'affaires publiques ou de célébrer son élection comme député à l'Assemblée nationale. Immanquablement, vous vous direz : « Mais comment est-ce possible ? » Pour ma part, j'ai déjà vu un de ces « pas bons » être nommé « Personnalité de la semaine » dans le journal *La Presse*. J'avoue que ça fait toujours un étrange effet. Mais ça s'explique, et mon livre est là pour ça !

Quelles sont, selon vous, les principales qualités pour réussir votre carrière et atteindre vos buts ? Quand je pose cette question devant un auditoire, j'ai toujours droit à peu près aux mêmes réponses. Les « bonnes » réponses, celles qui donnent des points à l'examen. La première est généralement : « Le travail. » Parce que, depuis l'enfance, les gens entendent leurs parents, leurs professeurs et la société en général vanter les vertus du travail dans la réussite sociale. Je ne sais pas d'où vient cette étrange idée. Certainement pas de l'observation du sujet et de la méthode scientifique. Lorsque j'avais 19 ans, je travaillais dans un magasin de fruits et légumes. Douze heures par jour à décharger des conteneurs, à remplir des bacs à déchets, à empaqueter des légumes... À cette époque, je vous jure, je travaillais. Plus fort que jamais dans ma vie. En général, les gens qui travaillent vraiment très fort ne gagnent pas d'argent. Je dis bien *en général*. La raison en est fort simple : ils sont trop occupés à travailler pour avoir le temps de penser à une manière quelconque de gagner de l'argent.

Dans le groupe de mes auditeurs, il y en a un, habituellement plus futé, qui citera « le talent » comme deuxième qualité. Il a raison, et c'est même assez primordial. En fait, le talent est plus important, ou du moins souvent plus utile, que le travail.

Ensuite, il y a l'autre, l'étudiante encore plus futée, qui répondra : « L'ambition. » Oh là là, ça c'est encore plus vrai. C'est le moteur qui anime et fait fonctionner la machine. L'ambition est plus importante que le talent et le travail. Si vous ne me croyez pas, levez la tête et regardez autour de vous.

Mais, ce qui surpasse le travail, le talent et l'ambition, c'est le *networking*. Petit test : comment avez-vous trouvé votre dernier emploi ? Levez la main, ceux qui sont entrés dans une entreprise parce qu'ils connaissaient quelqu'un qui y travaillait ? Ceux qui ont appris par une de leurs connaissances que le poste était disponible ? Maintenant, sur un plan plus personnel, pour ce qui est de votre copine, votre femme... Messieurs? Levez la main, ceux qui sont en couple avec quelqu'un qui leur a été présenté par une connaissance commune? Et, mesdames... Levez la main, celles qui sont en ce moment amoureuses d'un garçon qu'elles ont rencontré à l'occasion d'une fête donnée par un ami? Celles qui sont en couple avec un collègue de travail? Ceux qui ont rencontré leur meilleur ami par l'intermédiaire d'un autre ami? Tout ça, mesdames et messieurs, c'est du *networking*. Vous avez, pour toutes ces fonctions professionnelles ou personnelles, bénéficié de votre réseau — ou *network*.

Sébastien Diaz

Après des études en cinéma, Sébastien Diaz devient journaliste culturel pour plusieurs journaux et magazines très variés du Québec: Nightlife, 7 jours, Sélection du Reader's Digest, Urbania... *C'est son association avec le réseau TVA et l'émission* Sucré Salé, *animée par Guy Jodoin, qui le révélera encore davantage au grand public. Il est actuellement l'animateur de l'émission* VOIR, *à Télé-Québec.*

Pendant des années, j'ai organisé à Montréal des soirées kitsch où je « sortais » une trentaine de personnes dans les endroits les plus « flyés » des environs. Aucun bar country, aucun karaoké, ▶

▸ aucune salle de danse sociale ne nous a échappé. Grâce à ces escapades, nous avons découvert les restaurants les plus surréalistes, des matchs de lutte dans les sous-sols d'église, des *cruising bars* venus tout droit des années 1970, etc. Alors, lorsque j'ai vu que Sébastien publiait le livre *Montréal Kitsch*, j'ai tout de suite été jaloux de lui. Et je suis tombé en amour avec le personnage... Nous nous sommes connus, parce que Sébastien a souvent fait des reportages sur des spectacles que je présentais. Par la suite, nous avons travaillé ensemble à un spectacle-bénéfice pour Tel-jeunes.

Lorsqu'on interroge Sébastien sur sa plus grande fierté (à part, bien sûr, sa délicieuse épouse, Bianca Gervais), il répond que c'est l'émission culturelle *Voir*, sur les ondes de Télé-Québec, dont il est à la barre depuis 2008. Il a même remporté en 2011 le prix Gémeaux du meilleur animateur de magazine culturel pour son travail à l'émission.

« Merci, *networking* », se dit-il. Car c'est curieusement grâce à son travail sur l'émission concurrente *Sucré Salé* que tout cela est arrivé. En effet, le réalisateur de cette émission avait aiguillé Sébastien vers le nouveau projet télé du journal *Voir*. Ce réalisateur fut un des premiers à être au ▸

▶ courant du projet, puisque c'est sa conjointe qui le réaliserait. Il lui a donc suggéré d'engager (ou du moins de rencontrer en entrevue) Sébastien Diaz, qui était, selon lui, «parfait pour la job». Bien sûr, ça aide d'être en bons termes avec son réalisateur. Et ça aide d'avoir du talent, de bien travailler. Ça aide aussi, j'imagine, d'être sympathique sur les plateaux de tournage et de bien rigoler en groupe. Mais, au départ, ce qui aide surtout, c'est de connaître le réalisateur d'une émission dont la blonde, réalisatrice d'une autre émission, pourrait avoir besoin de nous.

Pensez-y aussi lorsque vous travaillez pour quelqu'un. Le patron a parfois plein d'autres amis patrons qui pourraient vous engager dans l'avenir. Ou ne jamais vous engager, si ça se passe mal avec le premier patron. Derrière un contrat se cache toujours un autre contrat. Restez en contact.

Parce que, honnêtement, combien de personnes pouvez-vous appeler à deux heures du matin?

Imaginez-vous une situation pénible à deux heures du matin. Des suggestions? Une inondation dans le sous-sol, une hospitalisation d'urgence en Afrique, votre fils qui n'est pas encore rentré alors qu'il devait être là à vingt-deux heures, votre voiture volée à l'aéroport. Vous voyez le genre. Qui appellerez-vous? Je veux dire, à part la police, le plombier ou le CAA. Qui appellerez-vous pour vous réconforter? Qui pourrait vous envoyer de l'argent à Londres, après le vol de vos valises? Chaque événement peut appeler une réponse différente. Parfois, il vaut mieux appeler sa mère; d'autres fois, son père. En certaines circonstances, il vaut mieux appeler votre frère plutôt que votre mari, ou votre mari plutôt que votre fils. Parfois, à deux heures du matin, la seule personne qu'on voudrait vraiment joindre, c'est l'ami de la famille qui est avocat. Pour certains, la personne qui viendra toujours à votre aide, comme Superman, c'est un ami d'enfance. En général, les gens peuvent compter à deux heures du matin sur deux ou trois personnes de confiance, souvent celles avec qui ils ont des liens familiaux.

Et moi? Combien de personnes pourrais-je appeler à deux heures du matin pour me sortir du pétrin?

D'après ma liste de contacts, 52 personnes. Disons que j'utilise une marge d'erreur de 4 %, car parfois on évalue mal quelqu'un. Et c'est quand ça va mal qu'on voit réellement à qui on a affaire... J'en soustrais donc deux. Alors, disons 50. Ça peut vous paraître beaucoup. Pourquoi 50 ? Eh bien, parce qu'il y a au moins 50 personnes qui savent qu'elles peuvent m'appeler à deux heures du matin si elles sont dans le pétrin. Peut-être qu'elles l'ont déjà fait, et que j'ai répondu, et que je les ai aidées. Peut-être que ce sont des gens avec qui j'ai tissé une belle relation d'amitié, ou à qui j'ai rendu service dans le passé. Quoi qu'il en soit, je vous le dis, deux heures du matin est un très mauvais moment de la journée pour se faire de *nouveaux* amis.

Parce que le *networking*, comme les cours de natation, peut vous sauver la vie

Le titre de cette section peut sembler exagéré, mais je vous propose tout de même de le prendre au premier degré. Le *networking* peut RÉELLEMENT vous sauver la vie. Eh oui ! Vous en doutez ? Pourtant, tout le monde sait qu'à l'hôpital vous passerez plus vite vos examens de dépistage si le médecin est un ami d'enfance ou votre partenaire de golf. Et, au triage à l'urgence, c'est le même cas de figure. Bien sûr, un patient en arrêt cardiaque passera toujours devant vous… Mais, à «maladie égale», disons que le beau-frère urgentologue peut faire des choix… subjectifs. Désolé, mais nier ce fait serait d'une totale mauvaise foi. Vous êtes le fils ou le meilleur ami de l'infirmière en chef, vous allez passer devant tout le monde.

Lorsque je donne des conférences, il est frappant de constater que les gens sont tous d'accord avec moi sur ce point. Plusieurs critiquent par contre cet état de fait. Une assurance-maladie universelle et démocratique devrait permettre à chaque citoyen de recevoir un traitement égal et de bonne qualité. Je vais même dire plus: *c'est une des raisons principales pour lesquelles l'assurance-maladie a été créée.* Alors? Comment notre système social hautement démocratique peut-il permettre une telle injustice, une telle inégalité? Parce que nous sommes des êtres humains. Et que, en tant qu'êtres humains, nous allons *toujours* privilégier des gens qu'on aime, qu'on connaît, avec qui l'on travaille, des membres de la famille, des amis d'enfance, et ce, *avant de parfaits inconnus.* Vous sauverez toujours de l'incendie votre gentil voisin avant le monsieur que vous n'avez jamais vu de votre vie. Cela fait maintenant cent mille ans que la société humaine est ainsi faite. Et elle ne changera pas. Jamais. Et c'est bien, non, quand on y pense? Ça prouve qu'on est humain, qu'on réagit en humain, et que la machine et l'ordinateur n'ont pas encore pris le contrôle de nos décisions personnelles, de notre vie. Nous pouvons encore choisir nos amis, notre amoureuse, parfois même notre médecin. Et, parfois, le médecin lui-même peut encore choisir qui il soignera en premier.

Avez-vous remarqué que, dans les scandales de notre histoire récente (corruption, construction, commandites), il y a toujours une constante : des contrats ont été donnés à des amis. Des amis du parti, mais aussi des amis de chasse et pêche, de golf, de clubs sociaux. Il ne s'agit même pas ici de porter un jugement sur les faits, mais seulement d'attirer votre attention sur cet *état* de fait. D'une manière quasiment irrésistible, les êtres humains ont tendance à donner des contrats en priorité à leurs amis, à leurs alliés. À tout le moins à des gens qu'ils connaissent. Et cette tendance est si forte qu'elle peut les mettre dans l'embarras, leur faire perdre un poste public important, et parfois même les envoyer en prison ! Parlez-moi d'un besoin primal irrépressible !

On remarque aussi cette forte tendance lors de l'embauche d'employés. En France, cela s'appelle le « piston » ; au Québec, on dit le « *pushing* ». Être « pistonné », c'est être aidé par quelqu'un de haut placé pour obtenir un poste. Vous avez probablement, comme moi, obtenu votre premier emploi d'été de cette manière, et on a tous un oncle qui a eu son travail dans telle entreprise parce qu'il « connaissait un gars qui travaillait là ».

Toute votre vie, vous allez lire des articles, entendre des commentaires dans les médias et dans votre entourage qui vont dénoncer cet état de fait : les gens engagent les gens qu'ils connaissent ou qui connaissent des gens qu'ils connaissent. Accordez-vous une faveur, relaxez et faites-vous une raison : cette méthode de recrutement ne disparaîtra pas. C'est la nature humaine qui le veut ainsi. Et, si ça peut vous rassurer, sachez aussi qu'engager des inconnus non recommandés, c'est risquer de tomber sur des gens qui ont de faux diplômes, sur des menteurs, des voleurs, ou des gens qui se sont fait mettre à la porte par leurs cinq derniers patrons. Je ne dis pas que le risque est nul si l'employé est recommandé, mais disons qu'il est amoindri !

Une des utilités du *networking*, c'est justement qu'il nous permet d'être engagé par des gens qui nous connaissent. Une autre de ses utilités est que nous pouvons aussi, grâce à notre réseau de contacts, en apprendre plus sur les gens qu'on veut engager.

On a beau le vouloir, nul ne peut prédire l'avenir. Mais si vous voulez absolument essayer de le faire, lisez dans votre *network* plutôt que dans les lignes de votre main. Observez attentivement les gens qui vous entourent et qui composent votre « réseau » : la réponse aux questions sur vos perspectives d'avenir se trouve probablement dans vos contacts. Les probabilités pour que votre prochain emploi soit en lien avec quelqu'un que vous connaissez s'élèvent sans doute à

90 %. Comme l'endroit où vous allez habiter. Comme, probablement, votre prochain conjoint. Le *networking* guidera votre vie. Et pourra peut-être même, qui sait, vous sauver la vie...

Nico Archambault

Danseur et chorégraphe réputé, Nico Archambault remporte à Toronto, en 2008, la grande compétition pancanadienne So You Think You Can Dance. *Favori du public, des chorégraphes et du jury, il devance 3500 danseurs au terme de neuf semaines de compétition. Il est le seul à ne pas avoir été mis en danger par le public ou les juges. Il devient l'année suivante le chorégraphe en résidence de l'émission. Grâce à ce succès, Nico travaillera par la suite avec Janet Jackson et incarnera le danseur russe Rudolf Noureev dans un film. Aujourd'hui, on le voit partout au cinéma, à la télé, et il est même juge pour la version française de l'émission... à Paris!*

La première fois que j'ai croisé Nico, c'est lorsqu'il a été choisi comme danseur dans mon spectacle *Joe Dassin : La grande fête musicale*, bien avant son triomphe à *So You Think You Can Dance*. Nous sommes toujours restés amis et j'ai toujours admiré, en plus de son talent, ses surprenantes connaissances musicales très diversifiées. ▸

Il s'en est fallu de peu pour que Nico reste quelques années de plus un excellent danseur travaillant dans l'ombre pour des comédies musicales diverses et des spectacles de variétés. Car il ne voulait pas participer à *So You Think You Can Dance*. Je le connais bien, il a toujours souffert un peu du syndrome de l'imposteur. Le matin même de la première audition « publique » de Montréal, c'est sa copine qui l'a réveillé et l'a convaincu d'aller au moins tenter sa chance.

Ce matin-là, le temps est pluvieux et il fait froid. Nico est terriblement en retard et la compétition, très populaire, attire beaucoup plus de monde que prévu. La file devant le théâtre Saint-Denis à Montréal s'étend sur trois pâtés de maisons ! Il est déjà onze heures. Nico fait le tour du théâtre et marche jusqu'à la rue Sanguinet. Après avoir consulté sa montre et constaté l'ampleur du succès de ces auditions, il comprend que c'est fichu, qu'il est en retard et que jamais il ne pourra être vu par les juges.

C'est alors que, rentrant bredouille, il passe devant la porte principale et aperçoit Cindy dans la file, une jeune danseuse qu'il connaît et qui attend son tour.

Deux années auparavant, Nico avait participé à un atelier avec la chorégraphe Alexandra ▶

▸ «Spicey» Landé, qui lui avait proposé, l'année suivante, de se joindre à sa troupe Unkut Productions pour un projet de spectacle de danse *bénévole*. Le spectacle avait été présenté deux fois, au Choreographer's Ball de Toronto et au Carnival de Los Angeles. C'est à l'occasion de ces spectacles qu'il avait rencontré Cindy, qui faisait elle aussi partie de la troupe.

Vous devinez le punch: voyant Nico sur le trottoir le matin de l'audition, Cindy l'appelle et le laisse prendre place devant elle. Ce qui permet à Nico de passer l'audition. Mais de justesse! Par manque de places et de temps, des centaines de participants ont été refoulés, dont sans doute des danseuses et des danseurs exceptionnels.

Donc, si Nico était resté chez lui au lieu de participer à l'atelier d'Alexandra Landé, il ne se serait pas fait de nouveaux amis, n'aurait jamais connu Cindy, et celle-ci ne lui aurait donc pas permis un jour de couper la file devant le théâtre Saint-Denis... Ce qui allait changer sa vie pour toujours.

Certains croient au destin. D'autres, à l'astrologie et à l'alignement des astres. Moi, je vous dis simplement ceci: le *networking* permet de couper la file.

Un CV ? Ah bon...

Ma plus vieille histoire de *networking* professionnelle est la suivante. À l'âge de 18 ans, j'ai eu envie d'un vrai emploi d'été. Je « travaillais » (notez les guillemets) déjà comme moniteur dans un camp de jour au lac Saint-Joseph, dans la région de Québec. Mais il s'agissait davantage d'un passe-temps agréable que d'un travail, et la rémunération était symbolique. Maintenant était arrivée l'heure du vrai chèque, du vrai taux horaire, le salaire minimum (quatre dollars l'heure, à l'époque). Je rêvais des possibilités que m'apporterait cet argent. Je cherchais un job autour de ce lac que j'aimais tant ; pas question de passer mon été en ville. Il y avait de l'autre côté du grand lac une plage privée. Sans doute était-ce la seule possibilité pour moi de trouver un boulot de manœuvre non spécialisé. Alors, mon oncle, qui est aussi mon parrain, m'a dit : « Tu veux travailler à la plage ? Je vais t'arranger ça. » Oncle Benoît était comptable agréé et comptait parmi ses clients le propriétaire de ladite plage. Il l'appelle donc, et m'annonce cinq minutes après que c'est réglé, que je commence la semaine suivante comme gardien du mini-golf. La facilité de l'opération m'avait fortement impressionné à l'époque. Comment cet homme, qui ne me connaissait pas et ne m'avait jamais rencontré de sa vie, acceptait-il de me confier un poste sérieux (!) et rémunéré sur un simple coup de fil de mon oncle ? ! ? Wow. Quelle confiance ! Il avance les yeux fermés, ce monsieur !

J'ai compris plus tard, et encore plus aujourd'hui en rédigeant ce livre, que le propriétaire de la plage ne m'engageait pas, MOI. C'est MON ONCLE qu'il engageait. C'est en lui qu'il avait confiance, c'est à lui qu'il devait un service ! En recevant l'appel de mon parrain, il n'a même pas posé de questions sur moi et a dit oui tout de suite.

Oncle Ben connaissait-il certains lourds secrets de cet homme ? Peut-être. Ou l'oncle Ben avait peut-être permis à ce monsieur d'économiser des milliers de dollars d'impôt grâce à une bonne planification ou à de judicieux conseils. Dans ce cas, quelle importance, ce poste à quatre dollars l'heure ?

Peu importe les détails exacts de cette histoire. La vraie raison pour laquelle j'ai été embauché, la plus importante : parce que que le patron connaissait mon oncle. C'est tout. Ce fut finalement un été merveilleux, à la limite du surréalisme, où j'étais payé pour ce travail étrange qui consistait à surveiller un mini-golf peu fréquenté. J'en ai profité pour lire des dizaines et des dizaines de livres, qui ont forgé une grande partie de la culture de mes vingt ans. Merci, oncle Ben !

Il y a peu d'emplois ou d'occasions d'affaires distribués totalement « au hasard ». Ce n'est pas une loterie. On l'a dit, les règles sont simples : on embauche d'abord les gens qu'on connaît. En second lieu, on embauche les gens qui connaissent les gens qu'on connaît. Et, ensuite, si on est vraiment mal pris, on passe une petite annonce et on épluche des *curriculum vitæ*.

Philippe Dubuc

Philippe Dubuc est un designer de mode québécois qui n'a plus besoin de présentation. Indiscutablement le plus célèbre des designers pour hommes de Montréal, il a toujours été un novateur et un exemple pour sa profession. Et il habille l'auteur de ce livre qui apprécie son style polyvalent et minimaliste... depuis 1995.

Je me souviens, comme si c'était hier, du jour où mon ami Stéphane Le Duc, qui animait alors une populaire émission de télé sur la mode, m'a recommandé de me rendre chez un jeune designer québécois pour acheter mon nouveau complet. J'étais d'accord : c'est une bonne chose d'encourager les créateurs d'ici. Je me souviens que les gens trouvaient que le nom de « Dubuc » ne sonnait pas comme celui d'un grand couturier international. À l'époque, on me regardait bizarrement lorsque je sortais en ville avec ma première chemise à fleurs du designer. Aujourd'hui, c'est un grand classique de s'habiller chez Dubuc ! ▶

▶   Philippe a le même âge que moi. Après ses études secondaires, il s'inscrit en design de mode au collège Marie-Victorin de Montréal, où il obtient son diplôme en 1984, après trois années d'études techniques. Il a eu des emplois d'été dans le domaine de la mode, dans la fabrication pour être plus précis. Il a maintenant de l'expérience et une bonne formation. Il est prêt.

Dès sa sortie de l'école, Philippe décroche son premier boulot dans le domaine, pour des designers locaux, réputés à l'époque, dont la compagnie porte un étrange nom : Il n'y a que deux. Des designers oubliés aujourd'hui, mais dont nous étions alors quelques milliers à porter les t-shirts blancs...

Philippe a fait ses études en mode avec une bonne amie qu'il avait connue à l'école secondaire. Ils ont suivi ensemble le même chemin. Et, à la fin de leurs études techniques, le beau-frère de cette amie a organisé pour eux une entrevue, car il était un bon client des couturiers en question. Philippe et son amie se sont rendus à l'entrevue ensemble, l'ont passée en même temps... et ont été engagés tous les deux pour le même boulot !

Encore une histoire de beau-frère et d'amie du secondaire, me direz-vous. Oui. Mais au-delà de ça... ▶

▸ En discutant avec Philippe, il finit par m'avouer qu'en y repensant bien, tous ses boulots, jusqu'à la création de sa marque en 1993, il les a obtenus par contact direct et sur la recommandation d'un ami à ses éventuels patrons. Tous les engagements professionnels. Pas avec son CV, pas avec son portfolio, pas en remplissant une fiche chez Emploi-Québec ou à l'assurance-emploi du Canada. Pas en feuilletant les petites annonces ni en s'annonçant lui-même en recherche d'emploi. Non, juste des recommandations d'amis. Après, bien sûr, il y a le talent et le souci du travail bien fait. Mais quatre étapes importantes l'ont mené à la création de sa propre boutique et de sa propre marque. Quatre entreprises pour lesquelles il a travaillé. C'est ainsi qu'il a acquis son expérience, ses contacts, son savoir-faire. Quatre fois, la recommandation d'un ami. On n'a jamais trop d'amis.

Parce que même le gardien de phare doit s'en rapporter à quelqu'un

«L'homme est un animal social», vous connaissez la formule. Pour se faire engager, le réseautage est essentiel ; pour se lancer en affaires, il l'est encore plus. Il permet de trouver d'abord des associés, ensuite ses clients, et de maintenir les liens avec eux par la suite.

Aucun métier ne peut être pratiqué seul. Pas même celui de gardien de phare. C'est vrai dans toutes les sphères, même dans le domaine de la création artistique où se perpétue le cliché de l'écrivain ou du poète solitaire. Même le peintre le plus isolé doit rencontrer son agent, son galeriste, voire les acheteurs. Sinon, il ne peut pas manger et meurt. Ce qui l'empêche de peindre pour de bon.

Je déjeunais récemment avec une femme qui m'a raconté l'histoire suivante. Elle avait fondé, il y a une vingtaine d'années, une agence de mannequins qui devint rapidement prospère. Elle décida un jour de la vendre pour poursuivre d'autres projets. Une acheteuse potentielle s'est présentée, avec le profil parfait : elle avait l'argent pour l'achat, et elle était mannequin. Travaillant dans ce domaine depuis plusieurs années, elle avait pu observer de l'intérieur le *business*. C'est ce qu'on pourrait appeler l'«expertise». Même si ce n'était en réalité qu'une demi-expertise, le métier de *top model* ne menant pas nécessairement à celui de bon gestionnaire. Mais, voilà, tout semblait en place.

Et puis, moins d'un an après que la nouvelle propriétaire eut pris les rênes, l'entreprise fit faillite. J'ai demandé à l'ancienne propriétaire ce qui, selon elle, avait causé la disparition de cette entreprise qui fonctionnait pourtant bien depuis plusieurs années. Elle m'a dit que l'acheteuse travaillait bien, mais passait ses soirées sur le canapé à regarder des DVD avec son fiancé. Alors qu'elle, la propriétaire originale et fondatrice de l'entreprise, passait son temps dans les 5 à 7, dans les soirées et les lancements, à se faire connaître et à faire connaître ses produits, à distribuer des cartes professionnelles, à rigoler avec les gens du centre-ville, des acheteurs potentiels — bref, à faire du *networking*.

Voilà ce qui manquait à l'acheteuse : le *networking*. C'est souvent ce qui fait la différence, pour votre entreprise, entre la rentabilité et la faillite.

Quand vient le temps d'élaborer un nouveau projet d'affaires, les investisseurs se posent toujours les mêmes questions : quel est le public cible ? Quelle est la part de marché possible ? A-t-on mené une rigoureuse étude de marché ? Quel est le ratio d'endettement et quels sont les bénéfices possibles ? Toutes des questions pertinentes pour analyser une *start-up*. Mais jamais personne (du moins, pas dans les dossiers que j'ai étudiés) ne pose cette question fondamentale pour la réussite d'un projet : le responsable connaît-il beaucoup de monde ? En affaires, l'accélération du processus de démarchage est très importante, car le temps mis sur chaque projet en détermine aussi la rentabilité. Si vous avez plusieurs projets, n'oubliez pas, en les comparant les uns aux autres, d'évaluer leur faisabilité en fonction de votre réseau personnel. Je vous mets au défi d'ouvrir un restaurant à Saint-Georges de Beauce si vous n'êtes pas de la région et ne connaissez personne. Je vous mets au défi d'ouvrir une usine de transformation du poisson en Gaspésie, ou un bar sur le boulevard Saint-Laurent à Montréal, sans engager de la main-d'œuvre locale ou sans avoir de partenaires qui connaissent leur ville par cœur, ses policiers, ses syndicats, voire ses bandits.

Revenons à l'exemple de la restauration, le cas le plus patent. Dans votre ville, quel est le restaurant le plus prospère ? Regardez, observez, et si possible allez rencontrer le gérant ou le propriétaire. À coup sûr, vous vous rendrez compte qu'il s'agit de quelqu'un dont on dit qu'il « connaît tout le monde ». Parce que les gens adorent être accueillis au restaurant par quelqu'un qui les connaît et les appelle par leur nom. Cette considération passe bien souvent devant la localisation du resto, les prix qu'on y pratique, ou sa spécialité. Depuis longtemps, je caresse le rêve d'ouvrir un restaurant où l'on servirait la cuisine de nos grands-mères. Depuis une dizaine d'années, je conserve articles et recettes sur le sujet. Mais, voilà, mon réseau de contacts n'est pas énorme dans le domaine de la restauration, hormis quelques restaurateurs de Montréal chez qui j'aime bien me... restaurer. Il est donc préférable, si j'ai le choix, d'investir mon temps et mon argent dans une comédie musicale. Avoir de son côté les bonnes personnes qui connaissent les tenants et aboutissants du domaine dans lequel baignera votre prochain projet peut vous faire gagner plusieurs années de recherches et d'«essais-erreurs».

L'image du restaurant peut s'appliquer à d'autres sphères du commerce en général. Personnellement, quand je fais fabriquer des CD, je vais voir une société dont le patron, Richard, était mon patron à l'époque où j'étais animateur de radio à Saint-Hyacinthe. D'ailleurs, il m'appelle par mon prénom, comme un bon proprio de restaurant qui marche bien. Je suis très satisfait de ses services, et j'avoue n'avoir pas vérifié les tarifs de ses compétiteurs depuis une bonne dizaine d'années...

Michel Fugain

Chanteur, compositeur, créateur du Big Bazar et de di-
zaines de chansons qui ont marqué plus d'une génération,
tant en Europe qu'au Québec, Michel Fugain chante en-
core beaucoup, partout, en plus de produire de nouveaux
albums, et ce, à 70 ans. Il est un des grands mélodistes de
l'histoire de la chanson française.

Je connais Michel Fugain, car j'ai organisé ses trois dernières tournées québécoises avec L'Équipe Spectra. J'ai ensuite eu la chance de produire et d'être le directeur artistique du spectacle *Big Bazar*, fondé sur la célèbre comédie musicale du même nom, qui a tourné partout au Québec en 2010 et 2011. Nous avons parcouru des milliers de kilomètres de route ensemble et refait le monde plusieurs fois.

Originaire de Grenoble, c'est au début de la vingtaine que Michel «monte» à Paris pour travailler comme aide-réalisateur sur les plateaux de cinéma. Dans cette grande ville, il n'a pas d'amis et ne connaît presque personne. Pour briser l'ennui et, surtout, selon ses dires, «pour se faire des amis», il s'inscrit à des cours d'art dramatique. C'est là qu'il rencontre Michel Sardou, un jeune homme encore inconnu, de quelques années son cadet (Sardou a 18 ans à l'époque). ▶

▶ À la fin des cours de théâtre, il est d'usage pour quelques garçons de la classe d'aller prendre un pot au Scossa, célèbre brasserie de la place Victor-Hugo. Un soir, Michel Sardou annonce à ses potes qu'il va courageusement passer une audition chez Barclay pour devenir chanteur. On lui dit qu'il a une assez belle voix, alors il se lance. Mais il n'a pas de matériel, pas de chansons originales. Fugain lui propose, avec un autre ami, de lui en écrire quelques-unes. Cela commence en fait comme une boutade, comme un « chiche ! », comme on dit en France, ou un « t'es pas *game* », comme on dit en bon québécois. « Mais on va te les écrire, tes chansons, nous ! » répondent en chœur les copains.

Pour dire à quel point Michel Fugain est loin, à cette époque, du métier de compositeur, il n'a même pas apporté sa guitare à Paris. Il doit donc demander à sa mère de la lui envoyer par le train. Dans les semaines suivantes, Fugain et Sardou écriront et composeront leurs premières chansons, et Sardou, accompagné par Fugain, les présentera chez Barclay lors de l'audition qui changera leur vie. À la suite de cette audition, fort réussie, Sardou se fera chanteur (et un futur grand auteur) et Fugain, compositeur. En effet, celui-ci commence dès lors à composer des mélodies pour les ▶

▶ autres, son premier client étant Hugues Aufray, pour deux chansons. Et c'est en se présentant chez le directeur artistique de Marie Laforêt, pour lui offrir une chanson, qu'on lui propose de chanter lui-même ses compositions.

La suite, on la connaît. Michel Fugain composa des mélodies inoubliables — *Je n'aurai pas le temps, Comme un soleil, Une belle histoire, Tout va changer, Chante la vie chante, Jusqu'à demain peut-être,* etc. Il les chanta lui-même, amassant au passage gloire, fortune et respect de ses pairs.

À l'époque de ses débuts à Paris, Michel Fugain menait une carrière d'apprenti cinéaste auprès de grands réalisateurs, tel Yves Robert. Son but était de travailler dans le cinéma toute sa vie. Il n'avait jamais écrit une seule chanson, et sur un point il est formel : si Michel Sardou ne lui avait pas dit « allons, on essaie d'écrire des chansons », il ne l'aurait jamais fait.

Les amis parfois peuvent nous emmener sur des chemins peu fréquentés, nous faire découvrir des choses, une force ou un grand talent qui sommeillait en nous. Ils nous donnent aussi du courage, celui de sauter en parachute... ou d'écrire des chansons.

Mais, pour cela, il faut d'abord se faire des amis. En s'inscrivant à des cours d'art drama- ▶

> ▶ tique, par exemple. Dans tous les cas, il faut sortir de chez soi, surtout lorsqu'on débarque dans une nouvelle ville où l'on ne connaît personne. Du dépaysement peut surgir l'occasion de rencontres déterminantes.

L'avenir appartient aussi à ceux qui se couchent tard

J'ai toujours détesté, même très jeune, cette maxime : « L'avenir appartient à ceux qui se lèvent tôt. » Je ne voyais pas de rapport entre le fermier qui se levait à cinq heures du matin pour traire ses vaches, ou entre les personnes âgées qui se levaient aussi à cette heure-là, et la « réussite » ou l'« avenir ». De quel « avenir » parlait-on ?

Je comprends que, par cette maxime, on voulait nous apprendre à travailler et, surtout, à abhorrer la fainéantise. Par contre, il y a un phénomène que j'ai constaté toute ma vie : les gens qui se lèvent vraiment tôt sont aussi en général ceux qui s'endorment devant la télé à neuf heures le soir. Ce sont les mêmes qui se coupent de toute activité sociale, parce qu'ils sont « trop fatigués ».

Or, croyez-moi, les rencontres sociales les plus intéressantes ont lieu le soir. En fait, plutôt même la nuit. *Après* le spectacle, *après* la première. *À la fin* du souper. *À la fin* du *party*, quand tout le monde est parti, sauf l'hôte et deux ou trois personnes. C'est là que se déroulent les conversations les plus intéressantes, que naissent les amitiés. *Rarement à sept heures du matin.* Se couper de la nuit, c'est se couper des moments de grâce où les idées foisonnent et les liens se nouent. Les liens d'affaires, mais les liens amoureux aussi (fort évidemment).

Vous ai-je déjà parlé du poker? Quel jeu fascinant... Je suis un maniaque de poker, j'ai commencé à y jouer à l'âge de 11 ans avec mon grand-père. Puis, à 15 ans, avec les amis, dans le sous-sol de Charles Langelier. Puis, sans arrêt depuis. Les modes, les styles de jeu changent, mais l'idée séculaire de base reste: des gens (en général des hommes) regroupés autour d'une table, qui se distribuent des cartes en misant de l'argent et en parlant de choses et d'autres.

J'ai beaucoup gagné en jouant au poker. Mais jamais en abattant les bonnes cartes ou en bluffant mon adversaire. Jamais vraiment en étant chanceux non plus, ni en trichant, ni en calculant les probabilités mathématiques. Pour tout dire, ce n'est pas de l'argent que j'ai gagné. Non, ça, j'en ai surtout perdu. J'ai gagné au poker beaucoup d'amis, lors de ces innombrables soirées de jeu. Comme Benoît, par exemple, un musicien qui un jour déménagea à Las Vegas. Je ne connaissais «Ben» ni d'Ève ni d'Adam lorsque je me suis assis la première fois en face de lui, autour d'une table à cartes. En fait, j'ai appris plus tard que je l'avais déjà engagé comme batteur lors d'une tournée dans l'Ouest canadien, mais je n'en avais aucun souvenir... C'est le fait de nous réunir tous les mardis chez notre ami Martin, pour jouer au poker, qui nous a rapprochés. Ce qui fait qu'un jour je suis allé le rejoindre à Las Vegas. Il m'avait dit qu'on pouvait acheter des condominiums là-bas pour une bouchée de pain. C'était après le crash immobilier de 2008 et Vegas était l'une des villes les plus touchées de l'Occident. Je n'arrivais pas à croire les chiffres qu'il me donnait au téléphone. D'après ces prix de vente, je me disais qu'il devait s'agir de taudis.

Je suis donc parti pour un *road trip* de 15 000 kilomètres dans ma vieille Mustang, visitant au passage le Grand Canyon et tout le Midwest américain.

Ce qu'il m'avait dit était vrai. J'étais abasourdi. J'ai appelé sur-le-champ un ami spécialiste en immobilier (avec qui je jouais d'ailleurs au poker à 15 ans dans le sous-sol chez Charles Langelier) pour lui raconter ce que je voyais. Il m'a rappelé le lendemain en me disant : «Go, vas-y, on en achète.» On en a acheté plusieurs. Cela prenait beaucoup d'argent, me direz-vous? Non. Je vous l'ai dit, *ça ne coûtait rien*. Au moment d'écrire ces lignes, la valeur de nos appartements a doublé en deux ans, sans compter ce qu'ils rapportent en loyers.

Allez. Couchez-vous plus tard, jouez au poker et achetez des condos à Las Vegas. Vous vous lèverez un peu plus tard demain matin.

Parce que les consultants et les lobbyistes, ça se paye à prix d'or

Pour les aspirants entrepreneurs qui ont de l'argent à dépenser, j'ai une bonne nouvelle : il est possible, dans certains cas, de s'acheter du *network*. Voilà un autre argument en faveur du *networking* : pour en bénéficier, les gens sont prêts à payer ! Ça s'appelle « engager un consultant ». Ça coûte cher, et c'est pourquoi, souvent, il vaut mieux créer soi-même son réseau. Mais le consultant peut nous venir en aide, car il a, dans son réseau, souvent dix ou vingt ans d'avance sur nous quant à certains sujets précis.

Qu'est-ce exactement qu'un *consultant* ? C'est d'abord un expert dans un certain domaine, et c'est aussi quelqu'un qui peut, si vous l'engagez, poser un regard extérieur et indépendant sur vos affaires.

Supposons, par exemple, que vous vouliez vous lancer dans la vente au détail de vêtements pour femmes. Vous avez du capital à investir, vous avez une occasion en or ou vous voulez simplement réaliser un vieux rêve, peu importe. Le problème, c'est que vous ne connaissez pas très bien ce milieu. Vous pouvez donc engager un consultant dans le domaine particulier de la vente au détail de vêtements féminins. En échange d'un montant d'argent, le consultant vous donnera des conseils qui vous aideront à gagner du temps, donc de l'argent.

Mais on oublie souvent qu'au-delà de ses connaissances, le consultant possède aussi tout un réseau de contacts dans son domaine de prédilection. Il peut alors vous recommander le meilleur comptable dans ce domaine, des gens de marketing, des avocats, des décorateurs, tous spécialisés dans la vente de vêtements, *parce qu'il les connaît*. Il est donc possible, en engageant un (bon) consultant, de s'acheter un réseau qu'on n'avait pas.

Il en va de même avec les lobbyistes. On s'imagine que les lobbyistes sont membres d'un cercle mystérieux, qu'ils sont souvent très mal intentionnés et qu'ils se réunissent dans le but d'influencer les gouvernements et de faire modifier les lois pour avantager leurs clients. De là à confondre lobbyistes et groupes de pression, il n'y a qu'un pas. Surtout qu'en Europe les groupes de pression sont souvent désignés du nom de « lobby » !

Démêlons tout ça. D'abord, un groupe de pression n'est pas un groupe de lobbyistes. Il y a des groupes de pression pour la sauvegarde des baleines, des grenouilles des marais et de l'environnement en général. Il y a des groupes de pression *pour* et *contre* l'avortement.

Un «groupe de pression», c'est un groupe plus ou moins important de citoyens qui essaient, par leurs actions, de pousser le gouvernement à changer (ou à maintenir) une législation particulière, ou à en instaurer une nouvelle. Ce sont en général des gens qui ne connaissent justement personne au gouvernement. Ce ne sont donc pas des gens «connectés» à un réseau gouvernemental particulier. Dans ce sens, leurs forces ne sont pas le *networking* et leurs relations avec les dirigeants. Par contre, ils utilisent une forme de *networking*, puisque le fait de se regrouper en grand nombre sous une bannière *remplace la faiblesse de l'individu par la force du groupe*. Ils peuvent alors parfois, effectivement, faire bouger les gouvernements et changer les choses.

Un lobbyiste, c'est le contraire. Il agit seul, mais, lui, *il connaît des gens bien placés au gouvernement*. Et plus il a des contacts importants et de la crédibilité auprès de ces gens, plus il coûte cher. Les secteurs qui emploient le plus de lobbyistes sont l'industrie pharmaceutique, les compagnies d'assurances, les compagnies de gaz et de pétrole, et le secteur manufacturier en général. Si ces gens dépensent tant d'argent pour engager des lobbyistes, c'est probablement parce que ça marche. Le lobbyiste est souvent la clé qui permet d'ouvrir la bonne porte.

Donc, en engageant un lobbyiste professionnel, vous payez pour avoir accès à ses «amis», dans le but de leur vendre une idée ou une marchandise. Et les «amis», dans ce cas-ci, sont des membres des gouvernements municipaux, provinciaux ou fédéral.

En engageant des consultants ou des lobbyistes, on peut, en effet, «s'acheter un réseau».

N'est-ce pas là une autre preuve que le *networking* vaut de l'or? Si vous connaissez beaucoup de gens bien placés, vous pourriez vous-même devenir consultant... ou lobbyiste!

Geneviève Grandbois

À 21 ans, Geneviève ouvrit sa première chocolaterie. Elle possède maintenant trois boutiques dans le grand Montréal, sa propre plantation de cacao au Costa Rica, et elle distribue ses produits chez une trentaine de détaillants au Québec. Mais elle est surtout considérée comme l'une des plus grandes chocolatières du Québec, par la qualité de ses produits, son service et l'attention aux détails, même esthétiques, qui caractérisent ses chocolats. C'est une artiste, et c'est aussi maintenant une femme d'affaires.

Je connais Geneviève depuis qu'elle a 15 ans. Elle était à l'époque une jeune actrice de cinéma à l'avenir prometteur, et moi j'étais un jeune agent de comédiens à l'avenir prometteur... Lorsque je l'ai retrouvée, elle avait grandi et faisait maintenant du chocolat dont je me délecte toujours! ▸

▶ Geneviève déteste faire ce qu'on appelle du *networking*. C'est d'ailleurs une des raisons qui l'ont poussée à abandonner sa jeune carrière de comédienne, car Dieu sait que dans ce métier-là le réseautage est important.

L'histoire que Geneviève m'a racontée est originale et intéressante. Faire ce qu'on appelle « du social » lui pue au nez, mais elle est fort intelligente et consciente du fait qu'elle ne pratique pas assez l'art du réseautage. Un jour, elle a une belle idée pour la Saint-Valentin, fête incontournable dans l'industrie du chocolat. Traversant elle-même une période de triste célibat, elle se rend compte que cette célébration de l'amour peut être pénible pour qui justement est en peine d'amour. Geneviève décide donc d'offrir une sélection de ses excellents chocolats à des gens qui n'en recevront pas à la Saint-Valentin. Elle imagine une belle campagne d'amour où les clients qui achèteront une petite boîte carrée de chocolats à cinq dollars (joliment appelée « Amour au cube ») en recevront une autre, gratuitement, qu'ils devront offrir à une personne célibataire. Le projet portera le joli nom de « Mouvement du cœur ».

Geneviève a pour objectif de donner mille boîtes de chocolats. Elle réalise qu'elle devra demander l'aide de ses contacts d'affaires pour ▶

▸ distribuer ses boîtes à une plus grande échelle que dans ses trois boutiques. Elle se met donc en position de «*networking* forcé». Pour mener à bien son projet, elle doit entrer en contact avec bien des gens à qui elle n'aurait pas osé demander quoi que ce soit *pour elle*. Mais il s'agit d'aider *les autres*, et ça passe mieux. Du moins, elle parvient à surmonter sa timidité au téléphone.

Geneviève a pourtant un bon réseau. Boursière de la Fondation du maire de Montréal pour la jeunesse, elle a eu accès à une foule de ressources et de gens pour l'aider à lancer et à gérer son entreprise. Par exemple, les gens de chez RSM Richter, les premiers qu'elle contactera pour son projet de don de chocolats.

L'opération fut un petit succès dès sa première année. Un succès qui ne pourra que grandir, puisqu'il se poursuivra au cours des années suivantes. Du *networking*, et du bonheur pour beaucoup de gens esseulés qui n'ont pas nécessairement accès aux merveilleux chocolats de Geneviève Grandbois.

Parfois, il faut se secouer un peu pour maintenir le contact avec son réseau. S'investir en groupe pour une bonne cause peut être une des clés. Vous ne le faites pas pour vous? Faites-le pour les autres.

Comprendre les bases du *networking*

Nul n'est sans réseau

L orsque je rencontre des étudiants ou des gens qui débutent dans un milieu, la plupart se croient sans réseau et se demandent s'ils vont tout de même réussir à percer un jour dans leur domaine. J'ai plusieurs bonnes nouvelles pour eux, et pour vous.

La première, c'est que je suis la preuve vivante qu'on peut réussir assez bien dans le domaine de ses rêves en n'ayant à la base *aucun* contact dans ledit domaine. Mère psychologue, père professeur d'université, aucun artiste dans ma famille, aucune connaissance dans le showbiz. En plus, j'ai grandi à Québec, qui n'est pas exactement Hollywood. Plusieurs de ceux qui me lisent en ce moment et qui veulent percer dans le merveilleux monde de la musique ou du cinéma ont déjà une longueur d'avance sur la position que j'occupais au début de ma carrière.

Peut-être que vous voulez être couturier et que votre parrain possède une boutique de confection de complets sur mesure. Peut-être que vous voulez être conducteur de train et que vous venez de faire un stage de trois mois chez Via Rail, où vous vous êtes lié d'amitié avec plein de gens. Bref, tout devrait bien se passer, comme on dit.

Quant aux autres, vous croyez être « sans réseau », mais c'est faux. Personne n'est sans réseau. Regardez autour de vous.

D'abord, votre école. Restez en contact, si possible toute votre vie, avec les anciens camarades. Voilà un réseau intéressant qui, au fil des ans, se positionnera dans toutes les sphères de la société. Rien de tel que l'évocation des aventures de nos 15 ans pour être à l'aise avec quelqu'un et se rapprocher de lui. Et, ce qui est formidable pour ceux qui ont eu la « malchance » de fréquenter plusieurs écoles, c'est que cela multiplie de manière exponentielle vos réseaux d'anciens élèves. Il peut être agréable d'avoir comme premier ministre un ami avec qui vous avez joué au ballon prisonnier, ou de vous faire interpeller par un policier à qui vous achetiez du *pot* lorsque vous étiez « potes » au secondaire... Le réseau des « anciens élèves » peut vous orienter dans toutes sortes de directions. Lors de mon dernier conventum, j'ai appris qu'un ancien de ma classe avait une entreprise de nettoyage à sec dans le Vieux-Québec. Comme je présentais ma comédie musicale sur Joe Dassin dans cette ville, les trois cents costumes du spectacle ont été nettoyés chez lui, et à bon prix, en plus. Tant qu'à faire nettoyer mes trucs chez un professionnel, je vais les envoyer chez Marc-André ! Je note en passant que je n'avais pas vu Marc-André depuis vingt ans, et que, s'il avait décidé de rester chez lui le soir du conventum, il aurait perdu ce contrat à coup sûr.

Les anciens, ce ne sont pas que les camarades d'école d'autrefois. Ce sont aussi les anciens amis de votre camp d'été, de la pastorale, de votre équipe de soccer, etc.

Ensuite, il y a le réseau que constitue l'industrie dans laquelle vous travaillez. Si vous êtes pêcheur de crabe, de grâce, devenez membre de l'Association des pêcheurs de crabe de votre région. C'est comme qui dirait « un naturel ». Vous voulez jaser de votre job avec des gens qui vont vous comprendre ? C'est là qu'ils se trouvent.

Ensuite, il y a autour de vous le réseau des activités sociales. Le réseau des gens qui fréquentent tel ou tel bar dans votre ville, par exemple. Sur Internet, les bars importants ont souvent des sites Web, des groupes Facebook, Twitter, et même des blogues. Le réseau des membres de la marina. Le réseau du hockey bantam du Québec. Chaque activité sociale que vous pratiquez a un important potentiel de *networking*.

Finalement, je vous en ai trouvé un autre, à vous, les soi-disant «sans réseau». Le réseau des passe-temps. Si vous avez une passion, que ce soit la collection de disques vinyle, le poker ou le PlayStation 3 en ligne, ce passe-temps vous mettra forcément en relation avec ce qu'on appelle des êtres humains. Ce sont tous des amis ou des contacts potentiels. Ne sous-estimez pas les passe-temps comme outils de réseautage ! Il n'y a pas si longtemps, un propriétaire de restaurant (que je ne connaissais ni d'Ève ni d'Adam), avec qui je jouais au poker en tournoi tous les lundis, a engagé ma cousine comme gérante. Simplement parce que, au détour d'une conversation, entre deux brasses de cartes, il me disait manquer de *staff*.

Voilà donc une bonne nouvelle : vous avez un immense réseau, et vous ne le saviez même pas ! Maintenant, profitez-en !

Éric-Emmanuel Schmitt

Auteur de romans, de nouvelles, de pièces de théâtre, et réalisateur de films, Éric-Emmanuel Schmitt est un des auteurs francophones contemporains les plus lus et les plus représentés au monde. Son œuvre a été traduite en 40 langues et jouée dans plus de 50 pays.

J'ai rencontré Éric-Emmanuel Schmitt pour la première fois chez lui à Bruxelles avec le projet de monter son roman *Ma vie avec Mozart* ▸

▶ sur scène à Montréal, accompagné de l'orchestre I Musici, et mettant en vedette Benoît McGinnis et... Éric-Emmanuel lui-même. Il avait alors accepté également d'être le président d'honneur du festival Montréal en lumière, en 2009. Depuis, notre collaboration se poursuit, pour mon plus grand plaisir.

Jeune adulte, notre futur auteur est appelé à faire son service militaire. Petite explication pour nos plus jeunes lecteurs : pendant plus de deux cents ans en France, en fait jusqu'en 1996, le service militaire était obligatoire pour tous les jeunes hommes adultes. Pendant un an et demi environ, les « appelés » devaient aller donner leur temps gratuitement pour l'armée du pays. Ils étaient soumis à un véritable entraînement militaire pendant deux mois. Ensuite, le jeune homme pouvait faire ce qu'on appelle un « service civil », ou continuer dans l'armée jusqu'à la fin de sa conscription obligatoire.

Lorsque Éric-Emmanuel Schmitt est appelé à faire son service, au début de la vingtaine, il est déjà agrégé de philosophie de l'École normale supérieure. Contre son gré et avec bien peu d'enthousiasme, il part donc jouer au soldat pour sa patrie, comme tous les jeunes de son âge qui sont en bonne santé. Il entre au lycée militaire de Saint-Cyr, non loin de Paris. Lors de l'entraînement, il ▶

▶ remarque qu'il n'y a qu'un autre camarade qui a l'habitude de sortir un livre de son sac. Il s'appelle Eric Sanniez. Dans la vie civile, Eric est prof d'anglais, alors qu'Éric-Emmanuel enseigne la philo. Les deux intellos apprennent ensemble à tirer au fusil et à ramper dans la boue. Cette expérience leur permettra d'établir une complicité qui se transformera plus tard en une solide amitié qui dure encore aujourd'hui.

Schmitt est déjà à l'époque un passionné d'écriture. Timide et manquant un peu de confiance en lui, il n'ose même pas encore rêver d'être romancier ou dramaturge. Il écrit cependant depuis l'adolescence. Après leur service militaire, les deux amis restent en contact et mènent quelques activités artistiques en dehors de leur réalité de jeunes professeurs. Eric Sanniez, par exemple, se joint à une radio libre. À titre d'animateur à temps partiel, il reçoit en entrevue la très célèbre et mythique comédienne française Edwige Feuillère, avec qui il se lie d'amitié. Mme Feuillère a déjà plus de 80 ans. Éric-Emmanuel Schmitt a quant à lui déjà écrit sa première pièce, *La Nuit de Valognes*. Mais il est trop timide pour pousser l'affaire et son ami Sanniez, qui a lu la pièce, lui propose de la faire parvenir à Edwige Feuillère. Schmitt ne croit pas un instant que la ▶

▸ démarche soit réaliste, et encore moins qu'elle puisse déboucher sur quelque chose de positif ou même de concret. Pourquoi l'une des plus grandes actrices de théâtre du siècle daignerait s'intéresser à l'œuvre d'un jeune amateur comme lui ? « Eh bien, parce qu'elle me connaît et qu'elle a confiance en moi », lui rétorque Sanniez.

Et le miracle se produit ! Un jour, Éric-Emmanuel reçoit un appel d'Edwige Feuillère qui le complimente sur son texte qui l'a transportée de bonheur. Schmitt a 30 ans. Ce coup de téléphone va changer sa vie. La grande actrice va non seulement lui trouver un agent littéraire, mais aussi convaincre un directeur de théâtre de donner une chance à ce jeune auteur et à sa pièce inédite. *La Nuit de Valognes* sera donc créée à Nantes en 1991. Le succès de cette première tentative pousse Schmitt à écrire une nouvelle pièce, *Le Visiteur*, qui obtient trois prix lors de la Nuit des Molières en 1994. Il décide alors de se consacrer entièrement à l'écriture et quitte son poste de maître de conférences en philosophie. Le reste appartient à l'histoire et Éric-Emmanuel est devenu le Saint-Exupéry de notre époque.

Le service militaire n'existe plus. Mais il y a toujours des endroits où l'on se retrouve « de force », à un moment ou à un autre. Les camps ▸

▶ de vacances, par exemple, ou l'école, pour citer un classique indémodable ! Et, plus tard, qui sait si votre boulot ne vous enverra pas un an comme consultant en Éthiopie ! Gardez toujours en tête que ces expériences forcées et, disons-le, parfois pénibles, peuvent au moins vous permettre de nouer de nouvelles amitiés, dont certaines pourraient durer toute la vie. Et peut-être, justement, la changer, votre vie.

Accumulez de l'actif plutôt que du passif

Vous connaissez peut-être l'émission *Donnez au suivant*, de type téléréalité, animée par Chantal Lacroix d'abord à TQS, ensuite sur le réseau TVA. Le concept de l'émission est fondé sur la notion de « donner à son prochain », c'est-à-dire d'oublier toute notion de « retour d'ascenseur » en posant un geste généreux envers quelqu'un en remerciement du geste généreux posé à son endroit par une tierce personne. Quelqu'un aide Francine à se trouver un emploi et en retour Francine aide à repeindre la maison d'une femme handicapée qui, elle, en retour, fait des démarches pour recueillir des dons pour aider Fernand qui veut envoyer son fils subir un traitement contre le cancer à Boston, etc.

L'idée est originale et son fruit est une émission de télé intéressante et fort populaire. Mais, personnellement, je n'adhère pas au sens même de la démarche, qui d'ailleurs au départ n'a rien de «naturel». Je sais que vous êtes plusieurs à croire au karma. Pas moi. Je crois au principe de la réciprocité. **Nous sommes tous plus enclins à aider ceux qui nous ont aidés, à donner à ceux qui nous ont donné auparavant.** Pour moi, il est illogique de croire qu'un geste généreux sera récompensé un jour par une puissance occulte, sous prétexte que le geste en question a envoyé dans l'Univers une bonne et belle énergie. Si le geste doit être récompensé, il le sera par ceux qui en ont bénéficié ou qui en ont été les témoins. De la même manière, celui qui abuse de vous ne sera pas non plus puni par son karma si vous ne lui remettez pas vous-même la monnaie de sa pièce. Ce sont là les principes de réciprocité auxquels je crois.

C'est pourquoi il est si important d'accumuler de l'actif avant de penser à accumuler du passif. Ce principe économique de base s'applique totalement au *networking*. Et, là, nous touchons à la règle d'or, au principe sans doute le plus important de ce livre. *Il faut rendre service, tout le temps, à tout le monde, au moins une fois.* Certains de ces services vous seront remis au centuple, d'autres pas. Des sommes d'argent que vous avez prêtées à des gens disparaîtront pour toujours. Des amis que vous avez visités dix fois à l'hôpital ne

lèveront pas le petit doigt pour vous lorsque vous serez en difficulté. C'est ce que j'appelle les « profits et
pertes de l'actif ». C'est inévitable. Le monde est rempli
d'égoïstes, de gens sans empathie ou sans grand sens
moral. Ce n'est pas grave, les gens de bien et de justice
sont aussi très nombreux. Et puis, même si certains de
vos gestes honorables seront faits en vain, il y a une
certitude avec laquelle vous pouvez composer dès
maintenant : *vous avez beaucoup plus de chances d'être aidé*
dans la vie si vous avez aidé beaucoup de gens auparavant.
Faites-moi confiance là-dessus.

Donc, comme pour vos finances personnelles, si
vous voulez avoir un bilan sain, il vaut mieux accumuler l'actif avant le passif. Aidez les autres. Vous appel-
lerez « à l'aide » après, et seulement après l'avoir fait.

Si vous avez lu ce livre jusqu'ici, vous méritez bien
que je vous fasse une petite révélation. Révélation que
vous pourrez porter dans votre cœur, et peut-être ré-
pandre, avec parcimonie, auprès d'autres fidèles. Il
s'agit de la réponse à la question suivante : pourquoi le
pape a-t-il été élu pape ?

Le pape a été élu parce que, de tous les candidats à
la papauté, il est celui qui a obtenu le plus de votes de la
part des 115 cardinaux qui ont participé au conclave.
Il a dû rendre beaucoup de services à ces 115 cardi-
naux-là pour obtenir leur estime, leur amitié et leur
confiance. Il en a peut-être aidé un à reconstruire une
église au Guatemala, un autre à refinancer un projet

en Asie. Il a sûrement donné un coup de main à un ou deux futurs cardinaux quand ils étaient plus jeunes... Bref, le nouveau pape a dû accumuler tellement d'actif de sympathie au cours de sa vie qu'il est maintenant, le 266e successeur de saint Pierre.

Pour être pape, comme pour être un coiffeur prospère, il faut de solides amitiés et un bilan irréprochable quant au service à la clientèle. Commencez tout de suite, si le poste vous intéresse.

Jouez dans votre ligue

Permettez-moi de faire appel à mon sport préféré, le hockey, pour illustrer ce conseil. Supposons que vous êtes un jeune joueur de hockey talentueux en début de carrière. Je vous donnerais le conseil suivant: il vaut mieux compter des buts dans la Ligue américaine (ou dans une ligue junior) que de réchauffer le banc ou de poireauter dans les estrades de la Ligue nationale. Parce que compter des buts dans la Ligue américaine est la meilleure manière de vous faire remarquer par les dirigeants de la Ligue nationale.

Un jour, mon ami Robert croise Geoff Molson à l'occasion d'un cocktail-bénéfice. M. Molson est l'idole de Robert, surtout depuis qu'il est le propriétaire du Canadien de Montréal, son club de hockey favori. Et puis, la famille Molson, au Canada, c'est la royauté du monde des affaires. Et Geoff en est le digne représentant de la septième génération.

Il demande donc à son ami, qui a organisé le cocktail, de lui présenter Geoff Molson. Ce qui est fait. Poignée de main, heureux de vous rencontrer, *pleased to meet you*, et voilà.

Robert est mon champion de la démarche, le fonceur que rien n'arrête, l'apôtre du qui-ne-risque-rien-n'a-rien. Alors, une semaine plus tard, il appelle au bureau de Molson à Montréal pour solliciter un rendez-vous avec Geoff, alors vice-président marketing. Robert organise un montage financier pour une école privée axée sur le sport-études et il dit à l'assistante qu'il a rencontré M. Molson lors d'un cocktail chez Untel pour une collecte de fonds. Il réussit à avoir M. Molson au téléphone, lui rappelle l'avoir croisé, puis il obtient un inespéré rendez-vous en privé, deux semaines plus tard...

Le jour dit, Geoff Molson reçoit Robert dans son magnifique et immense bureau avec vue sur la ville. Robert est impressionné, et d'ailleurs il adore raconter cette partie de l'histoire. Il expose son projet, et Geoff Molson lui dit qu'il le trouve intéressant, lui pose des questions pertinentes. La rencontre dure trente minutes. Robert a beaucoup aimé cette expérience, mais, voilà, cela fait maintenant deux ans que ce rendez-vous a eu lieu et mon ami n'a jamais reçu de chèque pour son projet.

Il y a toujours des histoires de gens qui ont, de manière effrontée et malgré tous les obstacles, réussi à rencontrer René Angélil ou Guy Laliberté. L'histoire est généralement longue et pleine de rebondissements. Elle raconte le parcours du « combattant du *networking* » sur une route semée d'embûches. Et elle finit par une rencontre avec un dieu des affaires, du showbiz ou de la politique, dans son bureau, en tête-à-tête, pendant parfois trente minutes. C'est un peu comme raconter une audience privée avec le pape.

J'écoute ces histoires et qu'est-ce que j'y vois ? Des hommes effrontés, tenaces, parfois courageux, qui réussissent à rencontrer un homme célèbre. À aucun moment je n'y vois un ami de René Angélil (par exemple) ou quelqu'un qui travaille régulièrement avec René Angélil.

Oui, l'ambition est un atout essentiel pour quiconque veut réussir, mais ne brûlez pas les étapes et vous en sortirez gagnant. Si vous travaillez bien, vous vous bâtirez un beau réseau de contacts. En attendant, jouez dans votre ligue.

Pierre Marchand

Pierre Marchand fonde en 1986 la chaîne musicale MusiquePlus qui a révolutionné à la fois la télé et la musique au Québec. Il est maintenant président du secteur musique du Groupe Archambault, le plus important distributeur de musique et de contenu culturel au Québec.

La première fois que j'ai travaillé avec Pierre, c'est lorsque j'avais organisé la venue du légendaire Johnny Hallyday à Montréal en 2000. Pierre avait à cette occasion programmé un grand spécial Johnny de 24 heures sur la chaîne MusiMax qu'il dirigeait. C'est aussi dans les locaux de sa station de télévision MusiquePlus que nous avions reçu une centaine de journalistes pour la conférence de presse avec Hallyday, quatre mois avant l'événement.

Pierre est un mélomane et par-dessus tout un « beatlemaniaque ». Il est en effet l'un des grands connaisseurs du mythique groupe anglais au Canada. Il est donc normal que, lorsqu'on lui demande de nous raconter un grand moment de sa vie, il nous parle de sa rencontre avec Paul McCartney en 1989.

En 1989, Paul McCartney, accompagné de sa femme Linda, donne un spectacle au Forum de Montréal dans le cadre d'une tournée mondiale. ▸

▸ Il s'agit de sa première prestation dans notre métropole depuis son passage à ce même Forum avec les Beatles en 1965 ! Pierre Marchand a donc comme projet de rêve, et comme mission, d'organiser une entrevue avec Paul McCartney pour MusiquePlus. Cependant, à son grand malheur, et à celui de plusieurs journalistes, sir Paul a décidé de n'accorder aucune entrevue lors de son passage au Canada. Le patron de MusiquePlus tente tout ce qui est possible avec la maison de disques EMI, en remontant jusqu'au président, en vain.

Adolescent, Pierre allait à l'école avec la blonde du chanteur d'un groupe inconnu qui allait devenir les Men Without Hats, un des grands groupes canadiens à succès des années 1980. Fréquentant l'entourage du *band* de garage, il se lie d'amitié avec son chanteur, Ivan, et avec leur jeune gérant Marc Durand. Quelques années plus tard, le fait coïncidant avec l'explosion de la nouvelle télé musicale dans laquelle Pierre Marchand est fortement impliqué, Men Without Hats deviendra le premier groupe musical québécois à connaître un succès international, entre autres avec leur chanson *Safety Dance*.

À l'occasion d'une partie de tennis avec Marc Durand, Pierre lui confie sa peine de ne pas avoir ▸

▶ réussi à organiser une rencontre avec son idole lors de sa venue à Montréal. Or, il se trouve que l'attaché de presse de Men Without Hats pour les États-Unis, Joe Dera, est aussi l'attaché de presse de... Paul McCartney. Marc Durand lui suggère d'essayer cette piste, et ça fonctionne! Une grande entrevue avec Sonia Benezra sera donc organisée en primeur sur MusiquePlus. Le jour de l'entrevue, Pierre apportera sa guitare basse Höfner, sur laquelle l'ex-bassiste des Beatles apposera sa signature. Le grand connaisseur des Beatles avait soufflé à Sonia Benezra presque toutes ses questions. Ce fut une grande entrevue, un grand moment de télé.

Plusieurs années plus tard, en juillet 2008, Pierre Marchand sera le producteur de la diffusion télévisuelle du grand spectacle de Paul McCartney sur les plaines d'Abraham à Québec, qui a réuni 200 000 personnes. Une occasion de revoir Paul.

Vos *chums* du secondaire peuvent vous organiser une rencontre avec Paul McCartney. Souvenez-vous-en lorsque vous jouez au ballon prisonnier dans la cour d'école.

N'attendez jamais de traitement de faveur de la part d'un guichet automatique

Je vais vous raconter «la fois du chèque de 7000 $*», une histoire qui pourrait vous arriver, si ce n'est déjà fait. Un jour, donc, j'ai en main un chèque de 7000 $ rédigé à mon nom. Ce n'est pas un chèque sans provision, il provient d'une compagnie très connue qui m'a déjà tiré des chèques plus importants dans les semaines et les mois précédents, mais le caissier de la banque m'annonce que les fonds seront gelés pendant dix jours, selon la politique de l'établissement, et monsieur c'est le même règlement pour tout le monde, et ainsi de suite. Diantre! Moi qui me présentais en personne au comptoir pour éviter ce genre de malentendu coûteux. Alors, je fais comme d'habitude, je me plains un peu, m'autorise quelques pointes d'humour acerbe, et je tiens mon bout, comme mon sang à moitié français de France m'y oblige. Vous savez, en France, on vous dit toujours non d'abord. Ensuite, c'est à vous de défendre votre point. Même pour des choses toutes simples, particulièrement pour tout ce qui concerne le service à la clientèle, ce qui comprend évidemment les banques.

Jusqu'à ce que la patronne, qui passait par là, intervienne. Elle s'approche, examine le chèque et écoute

---

*. Montant fictif, mais histoire véridique.

mon explication. Elle regarde ensuite le caissier, appose ses initiales sur mon chèque et lui dit : « C'est bon, pas de problème, vous pouvez débloquer les fonds, *je connais M. Morissonneau...* »

« Je connais M. Morissonneau. » Puisque je ne connais pas cette dame personnellement, que voulait-elle dire exactement ? Elle voulait dire, comme on dit au Québec, « je lui connais la face ». Elle me reconnaissait, parce que je venais souvent en personne, que j'encaissais souvent des chèques plus importants, qu'elle avait dû parfois jeter un coup d'œil à mon compte, aux mouvements d'argent, au solde.

Les gens en général ne me comprennent pas quand je dis que je n'utilise jamais les guichets automatiques. Ça va plus vite, c'est plus pratique, oui, mais essayez de convaincre un guichet automatique de vous faire un passe-droit pour débloquer les fonds d'un chèque... Certains diront, mauvais élèves, qu'il suffit de se présenter en personne seulement pour des cas comme ça, que le guichet peut très bien servir pour toutes les transactions de la vie courante. Je sais que vous savez ce que je vais dire, mais, pour les autres qui suivent moins bien, rappelez-vous ceci : c'est parce que j'ai fait avec les employés de la banque, au comptoir, toutes mes transactions sans importance que, le jour où j'ai eu besoin d'aide, la « madame » m'a reconnu et a débloqué mon chèque de 7000 $.

Même si ça peut paraître anodin, il y a bel et bien des formes de *networking* plus légères et moins approfondies qui ont leur importance. Bien entendu, il ne s'agit pas ici de devenir «ami» avec les caissiers de la banque, chose de toute façon impossible, puisque c'est interdit aux employés par des règlements! Mais il s'agit de maintenir des contacts humains courtois et réguliers. Cela pourrait vous servir le jour où un problème surgira. Il y a plusieurs niveaux de réseautage. Et aucun n'est à négliger.

 Truc : Soyez gentil avec les jeunes commis

La secrétaire d'aujourd'hui sera peut-être la présidente de la compagnie demain. Soyez toujours gentil et attentionné avec les intermédiaires qui se trouvent entre vous et la personne que vous voulez «atteindre». Si la première ligne pense du mal de vous, le colonel derrière en entendra parler. «Il y a là un monsieur désagréable qui souhaite prendre rendez-vous avec vous...» Et puis les gens ont pour certaines choses une mémoire phénoménale. Ne commencez pas à vous intéresser à mademoiselle le jour où elle est nommée vice-présidente des communications. Si vous êtes passé devant elle en l'ignorant et sans la saluer pendant dix ans, elle va *se rendre compte* que vous commencez soudainement à lui adresser ▶

> des compliments, et elle *saura pourquoi*. Elle n'est
> pas imbécile: elle vient d'être nommée vice-prési-
> dente aux communications.
>
> Ma suggestion est de toujours manifester un
> certain respect pour les gens que vous croisez,
> *jusqu'à preuve du contraire*. C'est-à-dire, jusqu'à ce
> qu'ils vous prouvent qu'ils ne méritent aucune-
> ment le respect. À ce moment-là, il sera permis
> de les envoyer promener.

Et des amis de tout âge, s'il vous plaît

Un autre aspect important du réseautage est l'âge des
contacts. J'ai une amie qui a 86 ans, et une autre qui
a 20 ans. J'ai en général une préférence pour les vieux
depuis mon adolescence, car je les trouve plus, disons,
«nourrissants». Mais une relation d'amitié avec des
gens plus jeunes que soi est souvent très éclairante. Je
crois qu'il faut, en amitié comme en cuisine, miser sur la
variété. Des plats de tous les pays aux épices différentes,
des viandes, des menus végétariens, des fruits et des légumes variés, voilà le secret d'une bonne alimentation.
Je connais beaucoup de gens qui n'ont comme amis depuis 25 ans que leurs camarades de l'école secondaire.
Cette fidélité est certes louable, mais s'en tenir à cela

nous déconnecte complètement des tendances d'aujourd'hui, et j'oserais dire de celles d'hier...

Sur le plan personnel, par exemple... Lors d'un chagrin amoureux, il vaut souvent mieux se confier à une personne plus âgée, «qui en a vu d'autres», qu'à un ami de son âge qui a peu vu neiger. L'expérience d'un ami plus âgé peut, dans un tel cas, nous ramener sur terre.

Sur le plan professionnel, j'ai toujours préféré, à l'optimisme d'un jeune courtier, les conseils d'un homme d'affaires qui a vécu un ou deux crashs immobiliers, capable de remettre les choses en perspective.

Par contre, pour connaître les désirs et les aspirations de la jeunesse contemporaine, pour éviter de s'habiller comme en 1992, pour découvrir de nouveaux groupes musicaux et les derniers endroits branchés, rien ne vaut un cercle d'amis plus près de l'adolescence que de la retraite.

 Truc : Plus on est de fous, plus on rit !

Il peut être très intéressant et amusant de créer des mini-réseaux qui fonctionnent sans vous, de manière autonome, mais formés de gens qui ont comme point commun de vous connaître. En d'autres mots, de créer des interactions entre certains de vos contacts d'âges et de milieux différents, qui ne se connaissent pas au départ. ▶

▶ Par exemple, depuis une quinzaine d'années, j'organise assez souvent chez moi des soupers où j'invite six personnes qui ne se connaissent pas, mais qui, à mon avis, pourraient bien s'entendre. Voilà un exercice qui ressemble aux accords mets-vins d'un sommelier. Je crois par exemple qu'Untel s'entendra bien avec Unetelle, qui, elle, trouvera telle autre personne intéressante. Sans savoir exactement ce qui va se passer, je mise sur le fait que ces gens tisseront une amitié, un lien d'affaires, voire une histoire d'amour*.

À la suite de ces rencontres, j'ai vu des gens produire des émissions de télé ensemble, acheter des condos à Paris et en Floride ensemble, et même s'épouser. Tous des gens qui ne se connaissaient pas avant de venir souper chez moi. Moi, ça me rend heureux de savoir que mes amis s'amusent ensemble, même quand je ne suis pas là.

---

* Pour les histoires d'amour, je fais tout de même une mise en garde. Jouer à l'entremetteur peut être dangereux, car, si un jour la relation se terminait mal, vous vous retrouveriez en première ligne pour recevoir les complaintes et même les reproches de vos deux amis. «Que penses-tu de son comportement?» «Savais-tu qu'elle avait un amant?» Et, éventuellement: «Comment as-tu pu me présenter un salaud pareil?» Voilà qui pourrait vous valoir des moments très désagréables.

Impossible, chérie, nous sommes invités à un mariage ce jour-là !

Pour pouvoir faire appel à son réseau librement et sans scrupules, il est essentiel de savoir maintenir le contact. À ce sujet, j'ai une annonce importante à vous faire. Je ne sais pas si ce sera une bonne nouvelle pour vous, mais la voici. Si on vous invite à un mariage, vous êtes obligé d'y aller. Il n'y a pas d'autres options. N'envoyez pas de cadeau, n'écrivez pas une belle lettre pour souhaiter le bonheur au nouveau couple. Allez-y.

Il y a deux choses dont les gens se souviennent toute leur vie : le temps qu'il faisait le jour de leur mariage, et les gens qui ne sont pas venus.

Pour bien comprendre mon point, nous allons revoir ensemble le processus qui mène à une invitation à un mariage. Tout d'abord, lors des premières discussions préparatoires, les futurs mariés discutent budget et stratégie pour le grand jour. Location de l'hôtel, coût du repas et de l'alcool par personne, etc. Le calcul suivant est vite fait : le budget pour le dossier « repas » du mariage étant de 10 000 $, ils ne pourront pas inviter plus de 80 personnes. En fait, 78, car ils sont déjà deux. Au début, c'est facile. Papa et maman des deux côtés, en fait la seconde épouse de papa aussi, et les frères et sœurs et leurs conjoints. Ça fait 16 personnes. Ensuite, oncles, tantes et cousins incontournables font monter le chiffre à 42. Maintenant, ça va se corser. Il reste 36 places et nos deux tourtereaux ont chacun une bonne cinquantaine d'amis — amis d'enfance, nouveaux amis, relations de travail. De cette centaine d'amis, il faudra donc en «éliminer» 64. Ah non, pardon, il faudra en éliminer 82, car chaque invitation vaut pour deux personnes (par politesse pour les conjoints). Donc, seuls 18 chanceux recevront la carte avec une enveloppe-réponse. Les futurs mariés savent qu'ils vont décevoir beaucoup de leurs amis et relations. Ce sont des choix déchirants, et plusieurs d'entre nous ont eu à les faire. Ce faisant, on risque de blesser des gens pour longtemps ou même de mettre fin à de belles amitiés. Il y a aussi des gens qui sont très proches d'une bonne dizaine d'invités, mais qui ne seront pas invités. Tout cela est complexe et difficile. Car, peu importe où l'on trace la ligne, il y aura toujours quelqu'un qui est *juste de l'autre côté de la ligne.*

Donc, quand vous recevez une invitation à un mariage, sachez que les mariés *tiennent vraiment à ce que vous soyez là.* Ils ont mis votre nom dans la balance, et vous avez pris la place de quelqu'un d'autre, peut-être quelqu'un d'important, un membre de la famille ou un ami de longue date. Il est irresponsable de prendre l'invitation à la légère.

Le mariage est cité ici à titre d'exemple. Les baptêmes, les anniversaires, les bar-mitsvah, les cérémonies de remise de la Légion d'honneur, les jubilés de toutes sortes — toutes ces cérémonies sont d'une grande importance pour celui ou celle qui vous y invite. Vous devez donc traiter l'invitation avec beaucoup de soin et tout faire pour l'honorer. À moins que...

À moins que vous ne soyez prêt à en assumer les conséquences. Par exemple, et je ne dis pas cela à la blague, si vous voulez couper les ponts avec quelqu'un, il est acceptable de refuser l'invitation à son mariage. C'est même encouragé, puisque c'est terriblement efficace. Ou si vous voulez signifier à quelqu'un que vous ne le considérez pas comme un grand ami, ça passe aussi. Ça ne vous tente peut-être pas d'aller au mariage de votre fournisseur de voitures de location ou du concierge de l'immeuble, cela dit sans aucune méchanceté. Mais il va s'en souvenir. Bref, il faut réfléchir avant de prendre une décision de ce genre. Il faut bien évaluer les implications, les conséquences, et ce, même si on vous jette la phrase toute faite : « Je comprends très bien si tu ne peux pas être là... » C'est une formule de politesse qui cachera une grande déception. Refuser une telle invitation n'est pas un geste anodin, alors pensez-y deux fois. L'invitation à un mariage est un exemple parmi tant d'autres de petits détails auxquels il faut faire attention lorsqu'on veut maintenir de bonnes relations avec nos amis et partenaires d'affaires.

Les erreurs
de *networking*

Avant de vous donner mes meilleurs trucs pour réussir dans l'art du *networking*, je veux vous mettre en garde: certains peuvent s'engager dans le *networking* en s'y prenant si mal qu'ils se causeront des torts irréparables. Si la liste des «trucs», des bons coups et des bonnes approches est importante, la liste de choses à ne pas faire l'est tout autant!

Les cancres de l'école du *networking*

On peut apprendre beaucoup de ses erreurs, dans le merveilleux monde du *networking*. Il est aussi efficace, et moins douloureux, d'apprendre des erreurs *des autres*.

Tous les jours, littéralement *tous les jours*, je suis témoin de gaffes énormes, de manquements à la plus élémentaire «*network* étiquette». En fait, j'ai tellement d'exemples que j'en remplirais trois chapitres. Voici quelques erreurs de base, qu'on observe régulièrement. Peut-être allez-vous vous reconnaître...

Dans une «fonction» sociale, vous parlez longuement avec quelqu'un qui vous vante ses talents professionnels ou les mérites de sa société. Disons une bonne demi-heure. Au moment où se termine la conversation, vous demandez à votre interlocuteur sa carte professionnelle (au Québec, on dit aussi «carte d'affaires»), *comme il se doit*, au cas où vous voudriez faire appel à ses services. Et il vous gratifie de l'une des trois très (très) mauvaises réponses suivantes:

«Je n'ai pas de cartes d'affaires.»

«Je n'ai pas de cartes d'affaires sur moi.»

«Je n'ai plus de cartes d'affaires sur moi.»

Ça, c'est déjà mauvais pour quiconque a quelque chose à vendre à quelqu'un, ou, plus simplement, pour quiconque veut rester en contact avec les gens qu'il croise. Alors, votre réaction normale doit être toujours la suivante: vous donnez votre carte professionnelle en demandant à la personne de vous écrire, afin que vous puissiez rester en contact.

C'est là que ça peut devenir pathétique. Souvent, vous n'aurez jamais de nouvelles de cette personne, qui ne vous communiquera jamais ses coordonnées. Important: saisissez la nuance entre une fille que vous draguez, à qui vous donnez votre carte, et qui ne vous rappelle pas *parce qu'elle n'est tout simplement pas intéressée*, et une personne qui vous vend son expertise ou sa business pendant une soirée et qui ne vous donne pas ses coordonnées. Je veux dire, à quoi bon discuter pendant une heure avec quelqu'un, apprendre à le connaître et à tisser des liens, pour ne pas au moins ajouter cette personne dans votre carnet d'adresses pour un certain temps ? Le pire, c'est quand je revois la personne quelques mois plus tard, disons un graphiste qui venait de fonder sa boîte, et qu'il me dit : « Je voulais t'appeler. » Si en plus il se plaint de la lenteur de l'économie et des difficultés inhérentes à son domaine, alors c'est magnifique. Et je vous jure que j'ai vu ça souvent. Si, comme on le disait plus haut, l'homme est un animal social, il est frappant de constater que plusieurs luttent contre leur instinct !

J'avais un employé extrêmement efficace qui a travaillé avec moi pendant plusieurs années. Lorsqu'il est parti, fort d'une expérience solide dans le domaine du show-business, c'était pour être nommé directeur des communications d'un important festival de la Rive-Nord de Montréal. J'étais content pour lui, et pas peu fier, il faut le dire. J'avais fait confiance à ce petit garçon sorti de nulle part, débrouillard et efficace, mais sans la moindre expérience dans notre domaine. Car pour moi ce n'est pas grave : je privilégie toujours l'intelligence avant l'expérience (et

l'expérience avant les diplômes). Je le voyais maintenant voler de ses propres ailes, avec son beau bureau
en coin, son propre assistant, et un salaire que je
n'aurais pas pu lui payer ! Formidable ! Je le félicite
de sa réussite et je me félicite de mon flair. Mais il y a
une chose que j'avais remarquée, une légère faiblesse
dans son travail. Pas pour moi, la faiblesse, car c'était
un employé exemplaire, mais une faiblesse pour lui :
sa faiblesse en *networking*. Donc, comme je m'y at-
tendais un peu, il n'a pas donné de ses nouvelles, ni
à moi ni aux 300 employés de l'entreprise à laquelle
j'étais associé depuis son départ il y a quelques années. Imaginez... En plus d'acquérir de l'expérience,
le garçon avait eu la chance de côtoyer une foule
d'individus très bien connectés dans son domaine,
et il bénéficiait donc de trois longueurs d'avance
sur quiconque dans sa banlieue lointaine. Et il n'en
profitait pas ? Quel gaspillage ! Une source d'informations inestimables, un réseau d'amis aussi... Le
travail qu'il a maintenant risque d'être le plus beau et
le mieux rémunéré qu'il ne pourra jamais avoir, tout ça
parce qu'il n'a pas pris au sérieux le *networking*.

Rappelez-vous que, pour être expert dans l'art du
networking, il faut être prêt à investir son temps. Même
si vous êtes patron d'entreprise ou cadre, vous ne pouvez pas déléguer la fonction « se faire des contacts » à
vos employés. Cela dit, il est de bon augure que vos
employés se fassent des contacts par eux-mêmes !

Il existe aussi une autre forme d'erreur de *networking*, que j'appelle les «faux pas». Ne pas respecter la primauté de l'ancienneté du réseau, par exemple. Disons que Michel a un vieil ami, avec qui il a passé des tonnes de soirées et fait plusieurs voyages en Europe. Un ami véritable, un confident. Cet ami se fiance un jour avec une fille que Michel ne connaît pas, mais qu'il trouve très sympathique. Plus tard, cette fille quitte l'ami de Michel. Puis, un jour, Michel organise une fête et craint de créer un malaise en invitant les deux ex à sa soirée. Si Michel n'invite pas son vieil ami mais qu'il invite l'ancienne fiancée, il commet un impair, un terrible *faux pas*. Car, ce faisant, il risque de perdre à tout jamais une amitié ancienne et précieuse (l'ami sera évidemment mis au courant par le sacro-saint principe de «tout se sait»), sans même conserver l'amitié de cette fille, plus récente et plus superficielle.

Aucun syndicat ne négocie une entente collective pour le *networking*. Mais je crois que l'ancienneté doit tout de même être respectée.

Quoi faire lorsqu'on est témoin de ce genre d'erreur? Plus vous deviendrez des professionnels du *networking*, plus vous réaliserez qu'autour de vous les gens commettent des erreurs. Il est très difficile de se retenir de commenter ou de donner un conseil, mais c'est pourtant ce qu'on doit faire. On ne peut pas intervenir devant une erreur de *networking*. Pour paraphraser Jésus : « Pardonnez-leur, car ils ne savent pas ce qu'ils font. » On peut sermonner son enfant, son conjoint, peut-être son employé, mais c'est tout. Rien ne sert de sermonner le gars qui nous appelle après trois ans de silence pour nous demander de l'argent. Dites-vous qu'il n'a pas lu ce livre, pardonnez-lui et, évidemment, refusez poliment de lui prêter l'argent.

Trop, c'est comme pas assez

Si certaines personnes s'y prennent mal, d'autres se lancent si intensément dans le *networking* que cela risque à la fin de les desservir.

Prenons l'exemple de Nathalie. Un beau cas vécu dont je n'ai changé que le nom de la dame. Nathalie travaille dans « l'événementiel » et tient à tout prix à se faire connaître du plus grand nombre d'êtres humains possible. Au départ, cela n'est pas un défaut, surtout quand on est sans cesse à la recherche de nouveaux clients. Mais Nathalie a un jour une *fausse bonne idée*. Qu'est-ce qu'une fausse bonne idée ? C'est une idée qui peut paraître brillante sur papier, ou lorsqu'elle surgit à notre esprit, mais dont l'application ne tient pas la route à cause d'un élément (ou deux) qui a été oublié ou mal évalué lors du premier *brainstorming*. Voici : Nathalie a pris l'habitude, depuis plusieurs années, d'envoyer par courriel chaque matin une « pensée du jour », sans grand intérêt, à TOUS ses contacts. Ça donne des choses comme (j'en prends une au hasard) :

Generally speaking, we are all happier when we are still striving for achievement than when the prize is in our hands.

MARGOT FONTEYN

Évidemment, ce n'est pas intéressant, c'est cliché, en anglais en plus, ça n'a pas été écrit par Nathalie et ça n'a aucun rapport avec rien, ni avec le lien que vous entretenez avec Nathalie, ni avec vous ou votre business. Lorsque Nathalie m'a envoyé son premier courriel de ce genre, je la connaissais à peine. Elle avait dû trouver mon adresse électronique sur une liste qu'elle avait copiée. Après deux mois, fatigué de recevoir ce genre de message *tous les matins*, j'ai demandé au gars du service d'informatique de m'expliquer comment « barrer » une adresse, c'est-à-dire envoyer automatiquement les courriels de cette Nathalie dans les « éléments supprimés », comme pour les pourriels.

Par la suite, j'ai croisé cette Nathalie quelques fois dans des événements sociaux, car elle est, comme vous vous en doutez, une sorte d'« animal social ». J'ai donc fini par la connaître réellement. Fille agréable, joyeuse et pleine d'entrain.

Un jour, par hasard, je me suis aperçu que ma boîte de courriels supprimés contenait plusieurs centaines de messages de Nathalie. À travers cette pléthore de mauvais slogans se trouvait un courriel, un seul vraiment personnel, où Nathalie me demandait un conseil à propos d'un gros contrat qu'elle avait eu dans le monde du spectacle. Le courriel datait de six mois. Elle n'a jamais eu de réponse de ma part : je ne lisais plus ses messages depuis deux ans.

Trop de *networking* peut parfois indisposer les autres. Si vous sonnez tous les jours à la même porte, la personne qui habite là, vous voyant par la fenêtre où elle se dissimule dans les rideaux, pourrait finir par se dire : « Ah non, pas encore elle ! »

Trop, c'est comme pas assez.

Le réseau de vos ennemis peut se retourner contre vous

L'étude du *networking* étant pour moi une forme de religion, il est bien rare que, comme tout bon fidèle, j'en dévoile les mauvais côtés et les dangers. Mais, pour vous, je me lance en vous parlant du danger le plus commun : vos ennemis ont eux aussi un réseau. Choisissez donc vos ennemis avec soin et évitez d'en avoir trop. Car derrière chaque ennemi se cachent beaucoup de gens prêts à croire tout le mal que cet ennemi dira de vous. Je l'ai parfois appris à mes dépens.

En effet, je n'ai jamais hésité à me faire des ennemis lorsque la justice était en cause. Un être humain qui ne respecte pas sa parole ne mérite pas mon respect. Cette ligne de pensée, associée à ma transparence, à ma verve et, disons-le, parfois aussi à mon arrogance, m'aura mis dans le pétrin à quelques reprises.

Je me souviens d'un animateur de radio que j'avais poursuivi en justice, il y a vingt ans, car il me devait la somme, rondelette pour l'époque, de 15 000 $. Mon avocat me garantissait la victoire, mon contrat avec le monsieur en question était clair, signé par les deux parties, et prévoyait même quoi faire en cas de litige. Contre l'avis de mon conseiller juridique, j'avais réglé l'affaire hors cour pour un maigre 3000 $ comptant, après une première journée d'audience où le juge avait clairement statué que mon contrat était en béton. Je me disais qu'il valait mieux que mon ancien client sauve la face et aussi son portefeuille. Cela aiderait assurément à maintenir la paix pour la suite des choses. J'ai fait alors du même coup deux graves erreurs. La première fut de croire que le gars en question allait m'aimer parce que je lui avais consenti un rabais de 12 000 $. Le mal était fait, je l'avais attaqué en justice. La seconde erreur fut donc de lui avoir fait ce cadeau de 12 000 $.

Dans les mois et les années qui suivirent, cet individu déploya énormément d'énergie à salir ma réputation devant tous les gens de mon milieu qu'il croisait. Cette campagne de dénigrement a eu un réel effet négatif. Bien entendu, tous ceux qui me connaissaient ou avaient fait des affaires avec moi n'en croyaient pas un mot. Mais, pour ce qui est des autres, tous ceux qui auraient pu devenir des clients... Plusieurs ont été détournés de mon chemin par ces ragots. J'en entends encore parler aujourd'hui, la plupart du temps par des gens qui ne me connaissent même pas... Et ce, vingt ans après l'histoire en question ! Ne croyez pas que les gens peuvent « faire la part des choses ou juger par eux-mêmes ». En général, la plupart des gens croient ce qu'on leur dit, sans rien vérifier.

Alors, de deux choses l'une. Il aurait mieux valu ne jamais traîner en cour cet homme-là. Les dommages collatéraux ont été finalement assez lourds. *Il ne faut pas sous-estimer le réseau de ses ennemis.* Ou alors, et c'est ce que j'ai tendance à penser avec le recul, lui faire payer toute la somme due de 15 000 $. Parce que, tant qu'à se faire salir, aussi bien avoir au moins la compensation de rouler dans une nouvelle voiture.

Cela dit, il faut parfois avoir le courage de se tenir debout devant certains bandits, même si cela nous vaut quelques ennemis de plus. Ça peut faire partie d'une approche globale de *networking*. Par exemple, quand il faut, contre des « loups », prendre la défense d'un ami. Ne faites pas l'erreur de saint Pierre dans l'adversité : ne reniez pas vos amis trois fois avant le chant du coq. Quand un ami est accusé faussement, ou lorsqu'il est victime injustement d'un plus gros et plus fort que lui, ne faites pas « celui qui ne veut pas s'en mêler ». Mêlez-vous-en. Levez-vous pour protéger votre ami. Le gros loup en face ne vous aimera pas, mais sachez que vous pouvez perdre un ami si vous ne prenez pas sa défense. Cela prend du courage, surtout lorsque devant vous se dresse quelqu'un de riche et de puissant, ou un membre de votre famille à qui vous ne voulez pas déplaire. La lâcheté minera votre fierté, et bien souvent aussi de belles relations d'amitié. Soyez fort et juste. Et soyez là pour vos amis, même si parfois le prix à payer est de se faire un nouvel ennemi.

N'emportez pas le secret de votre bonté... dans la tombe

Une autre grave erreur de *networking* est de chercher à passer inaperçu quand on fait de bonnes actions, comme un don à une œuvre de charité ou du bénévolat. Je me suis souvent demandé quels sont les avantages d'être un «donateur anonyme». À bien y penser, il n'y en a pas. Pas de plaque sur le mur de l'hôpital, pas de reçu d'impôt et, surtout, pas de reconnaissance de la part des bienheureux et généreux membres du conseil d'administration de la fondation. Et, évidemment, pas non plus de reconnaissance de la part des bénéficiaires.

Je suis parfaitement conscient de toucher ici à un sujet délicat, qui flirte avec la morale chrétienne. Car la réticence d'un donateur à voir son nom circuler à la suite de sa remise de 10 000 $ à une œuvre de charité tient en général à l'une des deux raisons suivantes: la certitude que, ce faisant, il accumule des points sur sa carte Air Paradis (aussi appelés « indulgences »), puisque l'humilité du riche donnant au pauvre, n'ayant que Dieu pour témoin, pourrait, selon certaines croyances religieuses, valoir un passe-droit pour le Paradis au jour du Jugement dernier; ou il s'agit d'argent compromettant, obtenu de manière frauduleuse, dont le donateur veut se débarrasser pour soulager sa conscience.

Dans les deux cas, il s'agit de raisons morales, parfois liées à la foi. Aux croyants, je tenterai de proposer le doute suivant, qui est aussi un message d'espoir: je suis à peu près convaincu que le don comme tel vous donne de toute façon les indulgences voulues. Et puis, pensez aux malentendus, à la peine que vous pourriez faire autour de vous. Votre épouse, par exemple, tombant par hasard sur votre relevé bancaire, pourrait penser que vous avez perdu tout cet argent au jeu!

Il y a donc, selon moi, plusieurs avantages à « signer » votre don, mais aucun avantage à ce que personne ne sache que tel don vient de vous.

Le premier avantage est économique: c'est le reçu pour déduction d'impôt. Vous payez bien vos impôts, qui sont une forme de « don » forcé et pas du tout anonyme...

Le deuxième avantage est la « réciprocité ». Peut-être qu'un jour vous voudrez organiser vous-même une campagne de souscription pour une cause qui vous tient à cœur. Peut-être même que vous ou votre conjoint voudrez mettre sur pied une nouvelle fondation. Le cas échéant, les gens à qui vous avez tant donné pour les autres fondations pourraient vous aider, vous donner un coup de main, des conseils... voire de l'argent.

Le dernier avantage, nous l'appellerons la «bonne réputation». Vous appuyez une bonne cause, alors dites-le, faites-le savoir. Tout ce que vous ferez de mal dans la vie sera retenu contre vous très longtemps. Les mauvaises nouvelles à votre sujet se propagent vite et parfois même sont inventées de toutes pièces. Pourquoi, dans ce contexte, tant insister pour que vos bons coups restent dans l'ombre pour toujours?

En général, on fait des dons à des œuvres de charité parce que la cause nous touche de près ou de loin, ou pour rendre service à quelqu'un qu'on connaît, qui s'occupe de telle collecte de fonds (ou pour ces deux raisons à la fois). Il faut donc donner le maximum. Votre maximum et... celui des autres! Voyons cela de plus près...

L'Américain Harvey Mackay, génial spécialiste du *networking*, avait eu cette idée brillante intégrant à la fois trois notions: rendre service, obtenir un service en retour, et appuyer une bonne cause. Lorsqu'il aidait un ami à se trouver un boulot, ou qu'il le sortait du pétrin de quelque façon que ce fût, et que cet ami lui demandait: « Comment puis-je te remercier ? », Mackay lui suggérait de faire un chèque à une œuvre de charité du montant qu'il estimait valable par rapport au service reçu. Il s'agissait d'une œuvre parrainée par Mackay, évidemment. C'est du pur génie de *networking*. Il devenait donc le sauveur de son ami et de l'œuvre de charité en question. Et pas du tout de façon anonyme.

Soyez croyant si vous voulez, adoptez la foi et le code moral qui vous plaisent, mais rappelez-vous qu'au final même Jésus voudra savoir votre nom.

Les deux plus grosses erreurs de *networking* de ma carrière

Comme je l'ai dit au début de ce livre, j'ai toujours eu en moi un instinct de *networking*, mais il m'a fallu du temps pour développer et transformer cet instinct en science.

Dès que j'ai pu utiliser le téléphone, vers l'âge de sept ou huit ans, je m'en suis servi pour appeler les amis. Avant cela, je ne pouvais atteindre l'appareil, car il était fixé trop haut sur le mur. À l'école, je formais des « groupes ». Groupes de théâtre, groupes de superhéros imaginaires. À 12 ans, je notais dans un carnet les dates d'anniversaire de tous mes amis. Je pouvais les « surprendre » chaque année en me « rappelant » leur jour de naissance. Puis, au cégep, ç'a été la ligue d'improvisation théâtrale. Un groupe fabuleux, dont plusieurs membres comptent encore aujourd'hui parmi mes meilleurs amis.

Tel fut le début de ma vie sociale. Un fort sentiment d'urgence de créer des groupes autour de moi. Il y a beaucoup d'instinct de survie et une certaine forme d'«écologie humaine» dans ce réflexe précoce. Enfant unique, j'avais besoin de ces «frères et sœurs» que je n'avais pas, pour jouer avec moi.

Cependant, si la portion sociale de ma vie était en bonne santé grâce à mon réseau très actif, je ne suivais pas avec autant d'application, au début de ma carrière professionnelle, les principes de base du *networking*. En fait, oui, un peu, mais de manière moins structurée et sans approche consciente.

Laissez-moi vous raconter l'histoire. À partir de l'âge de 27 ans, j'ai commencé à produire de gros *shows* américains partout au Canada anglais. De Halifax à Victoria, d'un océan à l'autre, je remplissais allégrement des salles de 1000 à 3000 places avec des *big bands* de swing, de jazz, avec des *crooners* et des groupes vocaux des années 50 et 60. Disons humblement que «les affaires allaient bien».

Dans toutes les villes, Toronto, Vancouver, etc., mon associé, mes employés et moi-même faisions tout nous-mêmes. Nous louions nous-mêmes la salle la plus prestigieuse de la ville, nous payions la pub dans les journaux et les stations de radio, et nous récoltions la totalité de l'argent issu de la vente des billets. J'ai été le premier à faire ça, ça me rendait très fier à l'époque. Je veux dire, le premier Québécois à produire entièrement des *shows* à Toronto ou à Calgary, sans engager les promoteurs locaux, ni même, au début, les attachés de presse locaux. Pour les gens d'ici, cela paraissait impossible, impensable. Alors qu'en fait, et je vous prie de ne pas ébruiter la nouvelle, il n'y a rien de plus simple. Vous débarquez dans une ville pour dépenser de l'argent; pensez-vous que vous serez mal reçu?

Un promoteur local peut vous coûter 5 % de vos revenus bruts de billetterie. D'ailleurs, dans le show-biz américain, on les appelle les *fivepercenters*. Donc, je me demandais pourquoi payer 2000 ou 3000 $ à un individu qui ferait ce que moi-même je sais faire sans trop d'efforts, c'est-à-dire louer une salle et négocier des campagnes de pub? Alors, voilà, j'ai économisé ainsi des dizaines de milliers de dollars.

Ce fut la première de mes grandes erreurs de *networking*.

Bien des jeunes, ou des gens mal avisés, croient ainsi économiser de l'argent, alors qu'en fait ils en perdent. Par exemple, si j'avais engagé Jeff Parry à Calgary à l'époque, un grand producteur local, après un lunch que j'avais eu avec lui dans sa ville, peut-être aurait-il fait appel à MES services lorsqu'il serait passé par Montréal et Québec avec la tournée de David Copperfield ou de Tragically Hip. Peut-être aussi n'aurait-il pas tenté de me voler le Glenn Miller Orchestra dans les marchés de Vancouver, Calgary et Toronto. C'est comme les artistes, et j'en vois chaque semaine dans mon bureau, qui disent hésiter à signer avec un gérant pour « sauver » 15 % de leurs revenus. Ils en perdent en fait le triple. Ils ne voient pas que le *networking* de leur gérant ou de leur agent de *booking* s'ajoutant au leur, le *business* ne fera qu'augmenter, et de beaucoup plus que 15 %!

Parfois, partager votre argent avec de nouveaux amis peut en fait: 1) vous épargner bien du travail; 2) vous faire gagner de nouveaux amis qui vous aideront peut-être un jour, s'ils sont vraiment vos amis. Ma première grosse erreur de *networking* aura été de négliger de bâtir un réseau de gens qui contrôlent le marché à travers le Canada et la France, en tentant de bâtir à la place un réseau de « fournisseurs ». À l'époque, mes meilleurs contacts au Canada anglais étaient donc majoritairement des vendeurs de pub et des directeurs de salles de spectacle. Et mon approche a été la même à Paris, où j'ai produit moi-même mes *shows* à partir de mon propre bureau. Cette surévaluation de mes capacités et cette sous-estimation des principes de base du *networking* m'auront quelquefois coûté cher.

Laissez-moi maintenant vous raconter ma seconde grave erreur de *networking*. En commençant par la fin.

Le métier de producteur indépendant est excitant et risqué. On achète, on vend. On devient riche soudainement, et on peut parfois tout perdre. Ce sont les montagnes russes auxquelles sont habitués tous ceux qui vendent des produits qui dépendent des modes, des saisons, des cycles économiques. Le domaine du divertissement n'est pas stable. Et, pour la plupart des consommateurs, ces dépenses ne sont pas considérées comme «essentielles».

Dans les dix premières années de ma carrière, il y a donc eu des hauts et des bas. Normal. À chaque haut, on gagne tellement d'argent qu'on ne voudrait changer de métier pour rien au monde. Et, à chaque bas, on se dit que ce n'est pas le temps de lâcher après un tel échec, que la loi de la moyenne nous sauvera, etc.

Pris dans ce tourbillon depuis toujours, je prends en l'an 2000 la décision suivante: la prochaine fois que je fais un bon coup, un gros coup, je ferme boutique et je me trouve un emploi en or dans une entreprise de production. Ma compétence, en particulier en France et au Canada anglais, n'a pas d'équivalent à Montréal.

Un jour, le grand coup arrive. Je vais produire à Montréal Johnny Hallyday, l'Elvis Presley, encore bien vivant, des Français. Tous les autres producteurs ont dit non, trop cher, trop risqué, pas assez connu au Québec. Le risque est énorme: un million de dollars. Universal Music France en avance la moitié. Il reste donc à trouver 500 000 $. J'ai un partenaire à 50 % dans l'aventure, je dois donc trouver de mon côté 250 000 $. *Cash*. Alors, je fais ce qu'on fait quand on se croit un peu visionnaire et surtout quand on est *gambler* comme moi : j'hypothèque ma maison et je m'endette. Je l'avais fait deux ans auparavant pour Michel Sardou, dont la tournée au Québec (Centre Bell à Montréal et Colisée de Québec) fut l'une de mes plus grandes réussites.

L'histoire du spectacle de Johnny au Canada tiendrait à elle seule dans un livre, que j'écrirai peut-être un jour. Pour l'instant, j'irai tout de suite à la conclusion : contre toute attente, et grâce à un travail acharné, le spectacle fut cette année-là le plus grand événement de la scène culturelle au Québec. Un succès, la une de tous les journaux (même les journaux anglophones), dix pages dans *Paris Match*, salle comble les trois soirs, et toutes les dettes remboursées.

Fier de ce succès, j'entreprends donc de me trouver un emploi. Je contacte les plus grandes et plus prestigieuses compagnies de production de spectacles au Québec : Zone3, Rozon, Spectra, G.E.G., ainsi que plusieurs plus petites. Je leur propose mes services. Je ne suis même pas gourmand et ne demande aucun salaire précis.

Eh bien, mes amis, personne n'a voulu engager votre humble serviteur. Pourquoi ? Parce que personne ne me connaissait. Pour certains, j'étais un agent de comédiens (métier que je pratiquais huit ans auparavant) ; pour d'autres, un parfait inconnu.

Le seul qui m'a proposé un poste de producteur délégué, pour lequel j'étais payé un peu moins que la réceptionniste, fut un des patrons de Zone3.

La réalité venait de me frapper comme une tonne de briques. Pendant toutes ces années où je me baladais et produisais des *shows* de Halifax à Victoria, où je menais la belle vie à Paris, je n'avais eu aucun contact avec mes «concurrents», les producteurs québécois. Or, il se trouve que, dans la vie, il peut arriver que nos concurrents nous donnent un job quand on ferme boutique. Mais il arrive surtout, dans la vie, que LES GENS ENGAGENT LES GENS QU'ILS CONNAISSENT.

Faites-vous connaître. Rencontrez les gens de votre milieu. Faites-leur des compliments, invitez-les à voir vos réalisations. Ne faites pas l'erreur que j'ai faite à l'époque. Mettez en pratique ce que je suis en train de vous écrire et vous ne serez jamais en manque d'offres d'emploi.

Going to California

Lors de cet épisode un peu pénible de mon parcours professionnel, quand on me payait comme un stagiaire alors que j'avais déjà produit plus de 350 spectacles, est arrivé le temps, comme tous les mois de janvier, du CIC, le Concert Industry Consortium. C'est le grand congrès annuel où se retrouvent tous les acheteurs de spectacles du monde (principalement d'Amérique du Nord), les agents, les gérants d'artistes, pour des rencontres et des conférences. Cette année-là, c'était à Los Angeles. J'y vais à peu près tous les deux ans. Ma copine de l'époque m'ayant fait faux-bond, je décide sur un coup de tête d'appeler André Ménard. André est le cofondateur de L'Équipe Spectra, du Festival international de jazz de Montréal, producteur légendaire et bible de référence de la musique. À cette époque, je connais André depuis quelques années, un peu plus depuis que j'ai produit la tournée de Johnny Hallyday deux ans auparavant, quand il était dans la salle tous les soirs (il avait acheté ses billets!). Malgré tout, on ne se connaît pas tant que ça. Mais, bon, on a eu au moins un lunch en tête-à-tête dans notre vie, alors je l'appelle. Je me dis qu'il a peut-être prévu aller au CIC. Peut-être pourrions-nous y aller ensemble?

Les astres sont alignés, il projetait justement ce voyage. Il est seul et s'accommoderait bien d'un compagnon, et me voilà dans l'avion pour Los Angeles avec André Ménard. Pendant quatre jours, nous allons apprendre à nous connaître. Nous allons rire en formule *non-stop* jusqu'à en avoir mal au ventre. André m'emmène voir des *shows* sans arrêt (au moins trois par soir, c'est son rythme «normal»). Au retour, je le remercierai avec une place en première classe dans l'avion (grâce au *networking*, j'avais une bonne amie au comptoir d'Air Canada !).

Ce fut un séjour fort agréable, d'où naquit une belle amitié. C'est en passant du temps avec quelqu'un qu'on apprend à le connaître et à savoir si on partage la même vision de la vie, de notre métier.

Cette année-là, je devins directeur des ventes internationales pour le Cirque ÉOS. Malheureusement, j'ignorais que, miné par des irrégularités de gestion interne, le cirque ferait faillite six mois plus tard. Lorsque tomba définitivement la mauvaise nouvelle, un vendredi soir, je passai deux coups de téléphone. Le premier à mon ancien employeur, Zone3, qui me proposa alors le triple du salaire qu'il me versait six mois auparavant. Ce qui prouve qu'en affaires comme en amour, ça peut être bon de partir pour se faire désirer. L'autre appel était pour mon partenaire de voyage à Los Angeles, que je suis allé rejoindre à L'Équipe Spectra, avec laquelle je suis maintenant associé depuis dix ans.

Il paraît qu'on aime travailler avec les gens qu'on connaît. Par exemple, ceux avec qui on est allé en voyage à Los Angeles.

Être pro du *networking* au quotidien

Entrons maintenant dans le concret, dans la « phase finale », si on peut l'appeler ainsi. Maintenant que vous avez compris l'importance du *networking* pour le développement professionnel, il vous faut agir sur le terrain. Voici mes conseils d'ami pour apprendre à créer votre réseau, le maintenir et l'agrandir sans cesse.

Une petite histoire anonyme

J'ai adoré une certaine anecdote racontée par un de mes amis. Le seul problème, c'est qu'il ne veut pas que je la répète. Je vais quand même la raconter, mais j'appellerai mon ami « Gérard », pour le protéger, et en fait surtout pour protéger les autres protagonistes de l'histoire, des gens que je ne connais pas personnellement.

Gérard a été l'un des patrons d'un important réseau radiophonique. Ce n'est pas seulement un as dans son domaine, c'est aussi un grand voyageur. Il a parcouru des pays à pied, escaladé bien des montagnes, de l'Everest au Kilimandjaro. Il devenait même, à l'occasion de ses voyages, correspondant pour plusieurs journaux et magazines québécois. Lors de l'un de ses inoubliables périples en Europe, Gérard fit une rencontre inusitée. À Nice, il voulait se faire prendre en photo devant le légendaire hôtel Negresco. Une jolie femme était assise sur un banc de la promenade des Anglais. Gérard s'est approché d'elle et lui a demandé de le photographier. Une discussion sympathique s'en est suivie avec l'étrangère, et peu après nos deux amis ont décidé d'aller prendre un verre ensemble pour faire plus ample connaissance.

Direction terrasse, petit verre de vin blanc, discussion, petits jeux de séduction sans doute... Soudain, au beau milieu de la conversation, le téléphone portable de Gérard sonne. À l'autre bout du fil, un homme qu'il ne connaît pas. Le chef de cabinet d'un important ministre du Parlement européen qui voudrait le rencontrer pour éventuellement l'engager comme consultant. Surpris, Gérard apprend qu'il a été recommandé par l'ancien maire d'Ottawa, avec qui il avait travaillé pendant de nombreuses années. Monsieur le maire aurait expliqué au ministre en question que Gérard serait un excellent candidat, entre autres parce qu'il avait travaillé à l'ambassade du Canada à Bruxelles pendant quatre ans. Tout cela est le résultat d'un bel enchevêtrement de réseaux personnels. Du vrai *networking*. Notre Gérard est flatté, mais le meilleur s'en vient.

La femme devant lui à la terrasse n'a pas pu s'empêcher d'entendre la conversation. Elle a saisi un nom ou deux, a esquissé un sourire, et une fois l'appel terminé elle a demandé à Gérard s'il parlait bien au chef de cabinet du ministre Untel. Elle lui dit ensuite avec un sourire : « N'est-ce pas incroyable ? C'est un très bon ami à moi. Vous me permettez de l'appeler ? » Gérard, un peu incrédule, la laisse s'exécuter. Elle compose donc le numéro de l'homme en question sur son propre portable et le joint immédiatement. Elle lui dit alors beaucoup de bien de son nouvel ami Gérard, dont elle est visiblement tombée sous le charme après plusieurs heures de conversation agréable et de bonnes rigolades. Gérard obtiendra une entrevue très rapidement, et le prestigieux contrat, immédiatement après.

Vous pouvez draguer une belle inconnue. Vous pouvez jouer au jeu de la séduction pour toutes sortes de raisons, par exemple l'emmener dans votre lit. Mais, on ne sait jamais, vous pourriez aussi être en train de séduire l'amie du chef de cabinet d'un important ministre européen qui, par un bon mot à la bonne personne, pourrait vous aider à obtenir le contrat de votre vie. Pensez-y dans votre approche.

Le *top* des secrets du pro

Quand on écrit le type de livre que je suis en train d'écrire, il y a toujours un moment, un chapitre où, tel le magicien s'apprêtant à enregistrer le DVD qui révélera tous ses trucs, on se dit: «Devrais-je le faire? Vais-je tuer la magie?» Je blague. Cela dit, les magiciens forment une véritable confrérie qui boycotte et transforme en parias ceux parmi eux qui osent révéler au public les trucs ultrasecrets qui sont en fait le pain et le beurre de toute la profession. Mais, voilà, nous n'avons pas encore de confrérie de *networkers*. Je n'encours donc aucunes représailles. Alors, je me lance, et il me fait même très plaisir de vous révéler les meilleurs «tours de magie» du professionnel du *networking*. Essayez-les, vous verrez, ils sont efficaces. Il est même dommage, et surprenant, qu'ils ne soient pas utilisés plus souvent et par plus de gens.

Je voulais t'offrir un poste à Londres, mais je n'ai pas réussi à te joindre...

Ah, les courriels qui rebondissent avec un «Administrateur système: non remis»; le courrier qui nous revient par la poste, «À l'expéditeur – locataire déménagé»; la belle voix de la dame qui vous dit qu'il n'y a plus d'abonné au numéro demandé; ou la grosse voix

d'homme anglophone qui répond maintenant au numéro de cellulaire de Lysanne.

Ah, les gens qui disparaissent, comme enlevés par les
extraterrestres. Du moins, c'est ce qu'on croit, jusqu'à
ce qu'on apprenne qu'en fait ils ont juste «oublié» de
transmettre leurs nouvelles coordonnées à leurs amis
et à leurs contacts professionnels.

Dans le merveilleux monde du *networking*, il est
essentiel à votre survie de toujours laisser une trace,
de toujours être joignable. Évidemment, il y a toujours l'ex-*chum* qui vous harcèle et qui n'a pas le droit,
sur ordre de la cour, de vous approcher à moins de
200 mètres. Oui, il y a des gens dont vous aimeriez vous
débarrasser à jamais. Pour ces êtres nuisibles, la solu-
tion est simple : lors de votre changement d'adresse
postale, ne leur transmettez pas vos nouvelles coordonnées. On peut étendre cette règle de manière géné-
rale aux gens que vous ne souhaitez pas revoir, et dont
vous ne souhaitez pas recevoir de faire-part de mariage
ou de cartes de Noël. Bon, voilà une bonne chose de
réglée. Pour les courriels et le numéro de téléphone, la
règle est la même.

Par contre, si vous voulez rester dans le circuit
qu'on appelle la «vie sociale», transmettez toujours, à
tous vos contacts, chaque changement de numéro de
cellulaire, d'adresse de bureau, de courriels d'affaires
ou personnels. Bref, arrangez-vous pour être toujours
joignable !

De votre côté, il est très important que, lorsque vous recevez un courriel de la part d'un ami qui annonce quelque chose comme : « Dès maintenant, veuillez ne plus utiliser cette adresse, mais plutôt Russell@gxmail.com », vous *enregistiez immédiatement* dans la fiche de Russell sa nouvelle adresse, et que vous *effaciez l'ancienne*. Si vous mettez ce courriel de côté trop longtemps, vous allez oublier de le faire. Et, inévitablement, vous écrirez un jour à Russell à son ancienne adresse et vous n'aurez pas de réponse.

Autre conseil : détruisez les anciennes adresses que vous n'utilisez plus. Je me rappelle le jour où, par hasard, j'ai revisité mon compte Yahoo, abandonné depuis longtemps, pour m'apercevoir qu'une amie perdue m'écrivait encore à cette adresse et que j'y recevais toujours des invitations à des événements. Ce n'est malheureusement pas toujours possible de rendre une adresse électronique complètement caduque. Si vous quittez un emploi, par exemple, il est possible que l'employeur, et c'est son droit, maintienne votre ancienne adresse active. Il est à ce moment-là encore plus important d'avertir tout le monde, et deux fois plutôt qu'une, de ne plus jamais vous écrire à cette adresse, ou un technicien en informatique lira votre courrier à votre place.

Sauf si vous fuyez l'impôt ou des tueurs à gages, il y a en général peu d'avantages à ne pas être joignable.

Que faire quand des amis quittent votre réseau?

Vous pouvez être la personne la plus charmante, l'ami le plus attentionné. Malheureusement, cela ne veut pas dire que personne ne vous tournera le dos. Que faire quand ça arrive? Eh bien, faites comme lorsqu'une fille vous quitte: n'insistez pas. Comme l'a écrit Jon Favreau, le génial scénariste du film *Swingers*: «Si tu ne veux plus jamais la revoir, ne l'appelle pas. Et si tu veux qu'elle revienne, ne l'appelle pas non plus.»

Il y a plusieurs raisons pour lesquelles un ami ou une relation peut quitter votre réseau. En voici quelques-unes, des plus communes:

1. Il a perdu tout intérêt pour la relation. Et, là, vraiment, les raisons sont infinies. Si vous avez vraiment fait quelque chose de mal, à part vous excuser, il vaut mieux ne pas trop en faire. Le temps peut (ou non) arranger les choses. Il y a les histoires de jalousie. Il y a les gens à qui l'on raconte des choses (parfois fausses) à votre sujet, mais qui ne prennent pas le temps de vérifier à la source.

2. Il est trop «dans sa bulle», dans sa vie de famille, dans son travail, pour entretenir des relations qui ne sont pas directement liées dans le quotidien à sa bulle, sa famille, son

travail. C'est le cas le plus fréquent. Plusieurs personnes arrêtent de vivre après la naissance de leur premier enfant. Je ne suis pas certain que l'abandon de toute activité sociale soit une bonne chose pour le développement de l'enfant et pour le futur revenu familial, mais bon. Il s'agit de leur vie, sur laquelle vous n'avez évidemment aucun contrôle. Dans ce cas classique, il n'y a absolument rien que vous puissiez faire, à part laisser le temps passer. Parfois, un divorce, ou le simple ennui, peut ramener quelqu'un à la vie sociale. Sinon, j'imagine que certains amis réapparaîtront à l'âge de la retraite pour se chercher des partenaires pour jouer aux cartes.

3. Le phénomène du «broche à foin». Expression bien québécoise et intraduisible ni en anglais ni en français de France. «Broche à foin», ça signifie à peu près «désorganisé». C'est quand vous avez affaire à un individu qui déménage ou change d'adresse électronique sans transmettre ses nouvelles coordonnées. Ce qui fait que, lorsque vous déménagez à votre tour et que vous essayez de lui communiquer vos nouvelles coordonnées, vous ne pouvez pas le joindre. Ce cas de négligence peut occasionner la disparition d'un contact de votre réseau.

4. Une raison inconnue. Le mystère total. J'ai eu deux ou trois cas comme ça dans ma vie. Des disparitions inexplicables. Après deux tentatives de reprise de contact, il faut absolument lâcher prise. De toute façon, c'est une perte de temps. Et puis, parfois, les gens vivent de grands malheurs dont nous ne sommes pas conscients. Si vous offrez votre aide et qu'il n'y a pas de réponse à l'autre bout, inutile d'insister. N'oubliez pas que de nouveaux amis ou contacts apparaîtront aussi très vite dans votre réseau.

Et puis il y a ce que j'appelle les «saisons de la vie». Vous verrez, en vieillissant, qu'une foule de gens que vous aimiez et que vous croyiez disparus à jamais vont réapparaître dans votre vie, à votre grande surprise, et, je l'espère aussi, pour votre grand plaisir. Assurez-vous par contre d'être toujours joignable, qu'on puisse facilement vous retrouver. Soyez présent au moins sur une source sur Internet. Le meilleur truc est le suivant: mettez-vous dans la peau de quelqu'un qui cherche vos coordonnées et «googlez» votre nom. Que donne la recherche? Peut-on vous retracer? Sinon, remédiez à la situation rapidement; autrement vous risquez de manquer «le retour de l'enfant prodigue».

Prenez des nouvelles de ceux qui sont dans la merde

Il est facile d'appeler une connaissance qui vient d'être nommée au poste de président d'une entreprise prestigieuse ou de gagner une médaille olympique. Mais rappelez-vous ceci : quand une personne est nommée « Personnalité de la semaine » dans *La Presse*, tout le monde l'appelle. Cela n'a rien d'original, et, noyé dans la multitude sur la boîte vocale du héros, votre message de félicitations risque de passer inaperçu. Vous pouvez (et devez) le faire quand même, si la *personnalité de la semaine* est un grand ami personnel ou un membre de votre famille, par exemple.

Mais, ce que vous pourriez et devriez faire plus souvent, c'est appeler celui qui n'a pas réussi sa sélection pour les Jeux olympiques. Celui qui vient de perdre son emploi dans une grande compagnie. Celui dont on parle dans le journal, mais pour de mauvaises raisons (vous pouvez imaginer ici tout ce que vous voulez).

Quand les gens sont au paradis, en général tout le monde les appelle, entre autres pour se faire inviter là-bas... Mais, dans les limbes ou, pire, en enfer, le téléphone ne sonne pas souvent, paraît-il.

Vous connaissez peut-être le proverbe qui dit que « tout ce qui monte redescend » ? On connaît moins la suite, ou on l'oublie plus facilement. « Tout ce qui descend pourrait bien remonter un jour. » Ne l'oubliez pas.

Et sachez aussi que les gens que vous appelez quand ils sont dans la merde vont probablement s'en souvenir quand VOUS serez dans la merde à votre tour.

Comme dirait le *Guide Michelin*, parfois ça vaut le détour

Voyager coûte cher. Mais, tant qu'à se rendre à Vérone, il serait absurde de ne pas visiter Venise.

Lorsque je suis en voyage, je ne manque jamais une occasion de faire un détour pour aller rencontrer des gens que j'aime et qui habitent loin de chez moi. Disons que mon *modus operandi* est : « Tant qu'à être là... » Autrement dit, tant qu'à avoir parcouru tant de kilomètres, aussi bien en profiter pour faire toutes nos « commissions » dans le coin.

Par exemple, je suis allé récemment en Floride pour visiter ma fille qui s'est installée depuis peu dans un ranch de Sarasota. Je fais le voyage en voiture (trois jours). Je passe quelques jours en compagnie de ma fille, plage, équitation et rapprochement père-fille, tout cela est merveilleux.

Et, là, je fais ce que je fais toujours. À un moment donné, je regarde la carte de la Floride et je pense aux gens que je connais qui y habitent et que je pourrais aller voir, parce que, « tant qu'à être là »... J'ai un très bon ami, un exilé parisien, que je n'ai pas vu depuis qu'il a déménagé à Miami il y a quatre ans. Je fais donc le détour (quelques heures) et, avant de rentrer à Montréal, je passe le voir. Je passe quelques jours avec lui et, la proximité *concrète* aidant, il me parle de ses nouveaux projets de diffusion d'émissions de télé sur Internet et... me propose le marché canadien dans sa nouvelle *start-up*. Je vous dirai dans trois ans si nous avons fait fortune avec ce projet. Cependant, une chose est sûre : il ne m'avait jamais parlé de ça dans ses courriels. Mais, sur le balcon avec vue sur la mer, un verre de Grand Marnier à la main, on jase de beaucoup plus de choses. Il est possible que ce détour s'avère un jour profitable. Il l'était déjà, de toute façon : la joie de revoir mon ami Christian valait bien tous les kilomètres parcourus.

Et le voyage ne s'arrête pas là. Tante Johanne et oncle Michel passent des vacances à Hollywood, tout près de Miami ? Allons souper avec eux ! Les discussions loin de la maison, en vacances, sont souvent bien plus relaxes et portent à la confidence. Pendant que je me déplace, j'inscris sur Facebook où je me trouve, au cas où, comme ça m'est arrivé d'ailleurs à ce moment-là, un ami, ou en l'occurrence un autre oncle, m'appelle pour me dire : « Tu es à Hollywood ? Je suis à Dania Beach, viens me voir ! » Je ne savais même pas qu'il était en Floride ! Formidable, deux oncles pour le prix d'un !

Le lendemain, je quitte Miami en direction de Lake Mary, une ville au nord d'Orlando. Un important client, avec qui je fais des affaires depuis près de vingt ans, y a son siège social. Bien que je produise son spectacle partout à travers le Canada presque chaque année, nous nous voyons seulement une fois tous les cinq ans, et je n'avais jamais visité ses nouveaux locaux. Je n'aurais sans doute pas non plus pris l'avion pour le faire, mais, « tant qu'à être là ». Et puis, tant qu'à aller manger avec lui sur une terrasse, pourquoi ne pas lui parler d'un nouveau projet qui me trotte dans la tête depuis des années ? Je crois avoir réussi à lui vendre une idée qu'il aurait sans doute rejetée si je la lui avais exposée au téléphone ou par courriel.

Satisfait de toutes ces rencontres, je me suis permis un autre petit détour par Daytona Beach. J'y étais allé à l'âge de 10 ans avec ma mère, mes tantes, oncles et cousins. J'y étais retourné à 20 ans avec ma copine, et à 29 ans pour voir un *show* de Steppenwolf au Bike Week avec mon directeur technique Mario Petit. (J'allais par la suite produire leur dernière tournée dans l'est du Canada.) Le détour, c'était pour la dose de nostalgie. Tout seul, les pieds dans l'eau, sur l'immense plage de sable blanc, j'étais envahi de bons souvenirs.

Voilà. J'allais voir ma fille, et puis, tant qu'à être là, j'ai fait quelques détours. Si vous avez un peu de temps devant vous, faites la même chose. Surtout à des endroits où vous n'allez pas souvent. Et puis, c'est insultant pour vos amis d'apprendre que vous avez fait 3000 kilomètres sans faire 30 kilomètres de plus pour passer les saluer.

Truc : Envoyez des cartes postales

Un geste simple, mignon, apprécié et vraiment pas cher. En voyage, envoyez des cartes postales. Plus personne ne le fait depuis dix ans. Ça coûte une carte et un timbre. Les gens, en général, vous allez voir comme c'est curieux, n'en reviennent pas de recevoir une carte postale. D'abord, ils n'en reviennent pas de trouver dans leur courrier autre chose qu'une facture. Alors, des nouvelles d'un ami écrites à la main, avec une belle photo de paysage en plus... C'est pour eux l'événement de la semaine, du moins si j'en crois les réactions dont je suis témoin lorsque j'en envoie. Vos amis afficheront votre carte postale sur le réfrigérateur, sur leur babillard au bureau, ils vous en parleront. À l'heure d'Internet, écrire avec un stylo et porter une lettre à la poste passe pour un exploit. Pourtant, il n'y a rien là de bien sorcier... Un exercice qui demande peut-être une heure de votre temps de vacances ou de voyage d'affaires, et qui fait vraiment plaisir.

Le faire savoir à tout le monde

Voulez-vous connaître une bonne manière de trouver ce que vous cherchez? Peu importe ce que vous cherchez, d'ailleurs. La voici : le faire savoir à tout le monde.

Prenons un exemple simple et classique : vous cherchez un emploi. Le premier endroit où vous tourner est votre réseau d'amis. Ce n'est pas nécessairement que vos amis vont vous proposer un emploi, mais ils *connaissent* des gens qui pourraient vous trouver un emploi. En fait, vos amis connaissent aussi des gens *qui connaissent des gens* qui pourraient vous trouver un emploi...

Le premier geste concret à faire, c'est d'expliquer la situation dans un courriel expédié à tous vos contacts pertinents. Faites-leur d'abord savoir que vous êtes disponible. Ensuite, donnez-en la raison : la société a fermé ses portes, le patron était insupportable, ou quelque raison qui explique que *ce n'est pas vraiment de votre faute si vous ne travaillez pas.*

La deuxième étape, maintenant. C'est bien beau, Internet, c'est efficace et très rapide, mais la touche finale devra se faire au téléphone. Recherchez dans votre liste de contacts toutes les personnes qui sont en mesure de vous aider, et téléphonez-leur. Rien à perdre, à part du temps. Et, ça tombe bien, le temps est tout ce que vous avez devant vous lorsque vous n'avez pas d'emploi.

La dernière étape consiste à officialiser et à «diffuser publiquement» la demande, si les deux premières étapes n'ont rien donné. Écrivez sur votre statut Facebook «En recherche d'emploi» (ou «Veux changer de boulot», ou «Disponible pour des contrats», etc.). Vous avez peur que «ça se sache»? Eh bien, vous pouvez aussi rester chez vous et attendre le chèque d'assurance-chômage. Sans que ça se sache.

Voilà donc trois étapes fort simples, efficaces et pas chères. Ensuite, vous pouvez toujours annoncer votre candidature sur les sites spécialisés, Monster, Jobboom, Workopolis, ou sur les sites spécialisés dans votre champ d'activité. Mais, à partir de là, ce n'est plus du *networking*, c'est du marketing et de la publicité de masse. Vous aurez besoin de rédiger un CV... Et ce n'est pas le sujet de mon livre.

Il n'y a à peu près rien que vous ne puissiez trouver ou obtenir grâce à ces trois étapes. Faites le même exercice pour tout. Vous devez déménager et vous cherchez un appartement? Envoyez des courriels, passez des coups de fil. Vous allez acheter votre première maison et vous ne connaissez pas de notaire? Commencez votre recherche par des sites sociaux comme Facebook ou Twitter. Écrivez dans votre statut: «Cherche un notaire.» Rien de plus simple. Un de vos amis, forcément, a déjà acheté une maison ou fait un testament. Non? Alors, c'est que vous êtes trop jeune, mais ce n'est pas grave: les *parents* de vos amis ont fait ça. Alors, vos amis vous transmettront les coordonnées du notaire de papa. Si vous cherchez une bicyclette, c'est pareil, tout le monde doit le savoir. Annoncez votre recherche. Presque à coup sûr, vous allez trouver quelqu'un prêt à vous DONNER une bicyclette.

Oui, mais si c'est trop personnel ?

Quoi faire si la demande ou la recherche est, disons, plus personnelle ? La même chose, mais pas dans le même ordre, et de manière beaucoup plus ciblée. Prenons par exemple un cas classique et fréquent : la recherche d'emploi, *alors que vous avez présentement un emploi.* Vous ne voulez certainement pas que la nouvelle se répande jusqu'aux bureaux de la direction ou du conseil d'administration de votre employeur. Dans ce cas, oublions Facebook et Twitter. Écrivez vos courriels en ciblant des gens qui n'ont pas de lien avec votre employeur, ou qui sont vraiment dignes de confiance. Et, de grâce, n'envoyez pas vos courriels du bureau ! Ou bien détruisez vos messages immédiatement après les avoir envoyés ; et ensuite vos messages supprimés. Dans de telles circonstances, rien ne vaut la rencontre en tête-à-tête avec vos contacts.

Un autre cas classique de recherche « personnelle » est le cas amoureux. Vous cherchez une personne avec qui partager votre vie. Sachant que le *networking*, le « réseau humain », est à la base de tout, comment fait-on pour y rencontrer l'âme sœur ? Pour avoir expérimenté moi-même quelques (courtes) périodes de célibat dans ma vie, je peux développer un peu le sujet sous l'angle du *networking*. Dans la quête de l'âme sœur, il existe deux trucs classiques, rapides et efficaces : les bars et Internet. D'abord, les bars, parce que, en réalité, les gens s'y rendent souvent pour ça, ce qui facilite les approches. Ensuite, Internet. Des réseaux de rencontres comme Réseau Contact ou Mon classeur sont d'une réelle efficacité et d'une aide précieuse pour celui ou celle qui n'aime pas trop sortir dans les bars. Je n'ai que de bonnes choses à dire sur ces sites-là. On peut, dans un large spectre, y rencontrer des amis merveilleux, des amies merveilleuses, ou y trouver du sexe à profusion.

Mais je vous le dis, et croyez-moi, rien ne battra jamais le réseau humain pour dénicher la perle rare. Les femmes de ma vie, je les ai rencontrées par personnes interposées, quand je ne me suis pas carrément fait « organiser » une *blind date* par un ami bien intentionné !

En résumé, rappelez-vous toujours ceci : si vous êtes discret, votre carrière et votre vie amoureuse le seront aussi. Et bien d'autres choses encore. Plus les gens sont au courant du fait que vous avez besoin d'aide, plus ils vous aideront. C'est une mathématique implacable.

Non, je ne serai pas votre ami Facebook

Les médias sociaux, pour les férus de *networking*, sont des outils magiques et absolument indispensables. Mais je tiens à vous prévenir, et surtout ne le prenez pas mal et de manière personnelle : si vous m'envoyez une demande d'amitié sur Facebook, après la lecture de ce livre ou à la suite de notre rencontre lors d'une conférence, je vais la refuser. La raison en est toute simple : vous n'êtes pas mon ami. Si on accepte tous les inconnus qui passent, et Dieu sait qu'il en passe sur Facebook, on fait quoi de nos véritables amis ? On les met où ?

À ce jour, Facebook est le plus formidable réseau planétaire jamais créé dans l'histoire de l'humanité pour connecter et rapprocher les gens de la terre entière. Rien de moins. Enfin, pour l'instant, jusqu'à la prochaine invention, sans doute imminente. Avant cela, il y a eu l'écriture, la poste, le télégraphe, le téléphone, Internet. Ce sont essentiellement des moyens de communication qui rapprochent les êtres humains. Ces moyens de communiquer n'ont pas créé un besoin de rapprochement parmi les êtres humains. Ces inventions ont tablé sur le besoin intrinsèque de rapprochement des êtres humains pour réussir. Facebook, c'est la même chose. C'est un réseau, un *network*. Le système permet de créer des groupes et des multitudes de sous-groupes, de joindre des centaines de personnes en quelques minutes pour leur donner des nouvelles d'un sujet qui les intéresse. Bref, pour moi, c'est de la pure magie. Et Facebook a plein de petits et de grands frères, efficaces aussi, dans divers réseaux et pour des applications parfois différentes: Twitter, MySpace, A Small World, LinkedIn, The Sphere... Il y en a des tonnes.

Les réseaux ont toujours existé. Les humains en ont besoin, car... *le réseau remplace la faiblesse de l'individu par la force du groupe.*

Il y a plusieurs manières d'utiliser Facebook. La mienne est plutôt personnelle. J'accepte comme amis les gens que je connais bien et que je laisserais entrer dans ma maison. Pour les événements professionnels, je crée des groupes. En fait, tous mes projets, surtout les plus petits, ont leur propre page Facebook. Les plus gros ont carrément leur site Web. Mais même l'existence d'un site Web à gros prix ne nous «dispense» pas d'être présent sur Facebook, lorsqu'on organise des événements par exemple...

Pour ce qui est de ma page Facebook à moi, je préfère n'y laisser «entrer» que les amis ou les relations professionnelles sérieuses. Il y a là trop d'informations intimes, de photos, de commentaires personnels. Et puis, ce n'est pas tant que j'ai des choses à cacher, mais je déteste lire des statuts de gens dont je n'ai rien à cirer. En plus, ne me demandez pas pourquoi, la plupart du temps ce sont les gens qui sont le moins proches de nous qui écrivent LE PLUS de statuts, dont la fréquence n'a d'égale que l'insignifiance.

Il y a aussi plusieurs manières d'utiliser sa page perso. Certains, comme mon ami Sylvain Larocque, l'humoriste, s'en servent pour d'autres motifs que l'activation d'un réseau de contacts personnels. Sylvain a 5000 amis Facebook, qui sont en fait surtout des admirateurs. Plusieurs fois par jour, il se sert de son statut pour tester de nouveaux gags, et il voit immédiatement le résultat dans les commentaires. Il peut ainsi sélectionner les gags de ses prochains spectacles, grâce à cet immense *focus group* gratuit de 5000 personnes qui s'intéressent à lui et à son travail, puisqu'elles lui ont fait une demande d'amitié sur Facebook. C'est brillant. En tout cas, lui, je vous le promets, il va vous accepter comme ami.

Par les temps qui courent, il est à la mode de dénoncer les réseaux sociaux. Des histoires d'intimidation et de suicides d'adolescents font souvent surface. Et certains sont prompts à y voir un effet pervers et même diabolique des grands réseaux comme Facebook, au lieu d'y voir, selon moi, les vrais problèmes de base, par exemple la déresponsabilisation des parents, des professeurs et des directeurs d'école.

Et puis, n'oublions pas que Facebook c'est aussi plein de belles histoires. Des amis d'enfance ou des demi-frères perdus qui se retrouvent. Des histoires d'amour qui commencent. J'y ai même trouvé un autre être humain qui s'appelle Didier Morissonneau, après avoir pensé pendant quarante ans que j'étais le seul à porter ce nom! Et il y a aussi de belles histoires professionnelles. J'en ai entendu une belle, récemment. Je vous la raconte.

Violaine travaille comme assistante dans une firme de management d'artistes. Je lui pose la question classique: «Comment t'es-tu retrouvée là?» Elle me répond que «c'est un peu à cause de Facebook». Pour être bref, elle avait soumis sa candidature pour travailler dans le bureau en question. Le patron, qui, j'imagine, était curieux avant la première entrevue, l'avait cherchée sur Facebook et l'avait trouvée. Je souligne au passage que, si Violaine n'avait pas été sur Facebook, jamais le patron ne l'aurait trouvée. Prenez des notes. Donc, en examinant la liste des amis de Violaine (ce qui est possible de faire sur Facebook), le patron constate qu'elle a plusieurs amis à Québec et à La Malbaie. C'est quand même étrange: il vient lui aussi de La Malbaie et a grandi à Québec! Mais pourtant il ne connaît pas Violaine. Par la suite, ils découvriront qu'ils ont en fait grandi dans la même rue, à peu de distance l'un de l'autre, mais à quelques années d'intervalle! Jamais cette information ne serait sortie en entrevue. Et c'est peu de temps après avoir appris que la mère de Violaine avait été son enseignante, quand il était petit, que le gérant d'artistes lui a offert l'emploi. Poste qu'elle occupe encore. Merci, Facebook. Merci, *networking*!

Les limites du virtuel

Oui, les réseaux sociaux sur Internet sont des armes très efficaces du *networking*. Cela dit, le virtuel a ses limites et rien ne vaut le contact direct avec les autres êtres humains. Quelque chose dans notre instinct animal envoie à notre cerveau le message qu'une image sur un écran d'ordinateur, qu'une voix dans un cellulaire ou que des mots lus dans un courriel *ne sont pas tout à fait la réalité* et ne sont pas non plus d'autres êtres humains réels.

Il faut donc, à un certain moment, aller au-devant des autres et les rencontrer «pour vrai», en chair et en os. Si vous saviez le nombre de fois où j'ai pris l'avion ou ma voiture pour aller rencontrer une relation d'affaires en personne et, comme on dit, pour «*closer* le *deal*». Rarement la dépense relative au voyage aura été superflue.

Et remarquez comme le même processus s'applique pour les histoires d'amour. Vous connaissez tous l'immense popularité des sites de rencontres comme Réseau Contact, pour ne nommer que celui-là. Comment procède-t-on pour établir un contact dans ce genre de site? D'abord, les membres établissent un contact «virtuel» — ils s'écrivent des courriels via le site. S'il y a intérêt réciproque, ils échangent leurs numéros de téléphone pour se parler de vive voix. On est déjà plus dans le concret; on quitte un peu le virtuel. Et la prochaine étape? Bien sûr, la rencontre, ordinairement dans un lieu public, pour pouvoir regarder l'autre personne dans les yeux et, en fait, pour pouvoir la « concrétiser ». La sortir du virtuel. On décide rarement de coucher avec quelqu'un sur l'effet d'un échange de courriels. Encore moins de se marier.

C'est la même chose pour l'embauche d'un nouvel employé, d'un nouveau collaborateur. Le patron peut bien lire des CV et regarder des photos, nul n'est engagé sans une rencontre en tête-à-tête. Pas même un laveur de vaisselle. Ça nous rassure, en tant qu'être humain, de « voir » à qui nous avons affaire.

Mettons ceci au clair : une rencontre ne nous empêchera pas d'engager parfois par erreur un incompétent ou même un criminel. Ce que je dis, c'est que les rencontres réelles sont incontournables et qu'il faut donc que, à un moment donné, vous vous leviez de votre chaise pour aller serrer la main de la personne avec qui vous voulez faire des affaires. Ou pour embrasser votre future épouse.

Dans une fonction sociale, parlez à une seule personne et non pas à dix, ou bien prenez le micro

Choisissez parmi les cas classiques suivants : vous êtes invité à un 5 à 7 d'affaires, à un dîner-conférence, à une démonstration de Tupperware, au goûter d'anniversaire de l'ami de votre enfant, à un vernissage, à un mariage, mais dans tous les cas vous ne connaissez que la personne qui vous invite, et pas les trente autres invités. Le « *networker junior* », le malhabile plein d'ambition, y verra sans doute l'occasion de rencontrer, de connaître et d'ajouter à son réseau une trentaine de nouveaux contacts. L'intention est louable, et il y a déjà là une attitude plus positive que celle qui consiste à se dire qu'on ne parlera qu'avec la personne qui nous a invité ou, pire, à refuser l'invitation sous prétexte qu'on ne connaît pas les autres invités. Alors, tout de suite, un avertissement pour le premier cas : la conférencière, la maîtresse de maison ou la mariée aura bien peu de temps à vous accorder, entourée qu'elle sera de tant de gens qu'elle connaît. Dans le second cas, elle sera tout de même froissée que vous décliniez son invitation !

Voici donc l'approche que je vous suggère. Il vaut mieux parler, communiquer et faire connaissance avec *une seule* nouvelle personne, nouer un lien, apprendre des choses, et repartir en échangeant ses coordonnées, que d'avoir serré des mains et échangé des banalités avec trente personnes. Et quoi de plus désagréable, quand on parle avec quelqu'un, que de le voir chercher des yeux d'autres personnes « plus intéressantes » — ce que j'appelle le *Hollywood-happy-hour-look*. Ne faites jamais ça, soyez poli et bien élevé, et intéressez-vous réellement à la personne en face de vous. Tout le monde est intéressant. Il y a toujours un angle, toujours quelque chose à apprendre de quelqu'un. Je me souviens, dans un mariage, d'avoir parlé de pêche au crabe (prononcez «crâobe», à la gaspésienne) pendant une soirée avec un Gaspésien que je ne connaissais pas. J'en ai été récompensé de deux manières: d'abord, j'ai acquis une connaissance bien meilleure de la pêche aux crabes, phénomène économique que je connaissais peu; ensuite, j'ai été invité à passer deux jours près de Percé, sur le bateau de plaisance (pas le bateau de pêche) de mon nouvel ami et de sa femme charmante.

En fait, le seul moment où il est approprié de vous adresser un peu à tout le monde dans un contexte de socialisation, c'est lorsque vous êtes invité à titre de conférencier!

L'arme suprême : l'utilisation intelligente de votre carnet d'adresses

Le *networking* est une chose sérieuse et méthodique. Plusieurs ont des trucs, des habitudes, des réflexes même, de *networking*. Pour moi, le plus important de tous les trucs, et nous l'appellerons l'**arme suprême**, c'est la gestion intelligente du carnet d'adresses. Autrefois, nous notions dans un petit calepin noir les noms et numéros de tous nos amis par ordre alphabétique, puis vint le Rolodex, le classeur rotatif d'allure cylindrique, avec une fiche pour chaque nom, posé en permanence sur les bureaux. Maintenant, nous avons tous dans nos ordinateurs un carnet Outlook, ou tout autre système de classement des coordonnées de nos contacts. Le truc important, c'est de prendre des notes dedans. En plus des espaces pour le nom, l'adresse, les numéros de téléphone, l'adresse électronique, il y a toujours un espace réservé aux « notes sur le contact ». On retrouve la même chose sur les téléphones dits « intelligents ».

Depuis l'adolescence, je me fais un devoir de souhaiter à tous mes amis un bon anniversaire, habituellement le matin de ce jour. Tout le monde en est bien heureux et chaque fois on me demande : « Mais comment fais-tu pour toujours te rappeler mon jour de fête ? » Je vais vous révéler le truc, même si, ce faisant, j'évente le secret d'un de mes plus puissants tours de magie. Mais, d'abord, un aveu : je ne me « rappelle » évidemment pas la date d'anniversaire de tous mes amis. C'est humainement impossible. J'écris plutôt ces dates dans mon carnet Outlook et, de là, dans mon agenda ou mon calendrier.

Mon représentant de la station de radio CJAD à Montréal, à qui je parle une ou deux fois par année au téléphone, me demande toujours des nouvelles de ma fille Cendrine. C'est toujours impressionnant, même pour moi qui connais tous ces trucs-là, et ça me touche. Évidemment, il ne peut pas se souvenir, avec ses mille clients, du fait que j'ai une fille et encore moins qu'elle s'appelle Cendrine. Mais je suis impressionné par le fait qu'il ait pensé à utiliser le truc et à noter les infos dans son ordi. Je constate que je parle avec un garçon intelligent qui travaille bien, un as du *networking*, et ça me donne envie de travailler avec lui. Faites la même chose en notant toutes sortes de choses diverses, comme « s'est installé une piscine hors terre au chalet » ou « sa maman a reçu un diplôme honorifique de l'université au mois de mai ». Lors du prochain appel, vous commencerez par demander des nouvelles, dans un ordre qui ne reflète pas ici l'importance des faits, de la piscine ou de la maman. Prenez des notes. Votre cerveau ne peut pas se souvenir de tout.

 Truc : Le *clipping* de presse... pour les amis !

Chaque fois que vous lisez dans un magazine ou un journal un article qui pourrait intéresser l'une de vos connaissances, découpez-le et envoyez-le-lui par la poste. Vous pouvez aussi le scanner et le transmettre par courrier électronique. Faites la même chose avec les liens sur Internet. Avec toujours un petit mot, un « j'ai pensé à toi » ou un « je crois que ceci pourrait vous intéresser ». Le geste démontre bien que vous vous intéressez non seulement à la personne à qui vous envoyez le *clipping*, mais aussi aux mêmes sujets qu'elle dans vos lectures...

L'autre facette de l'arme suprême : mettez le *networking* à votre agenda

Revenons à notre carnet d'adresses et à son utilisation efficace et régulière. Pour ce faire, la planification est indispensable. Il est important de ménager dans votre horaire des plages réservées exclusivement au *networking*. Le seul moyen de faire du *networking* efficacement, c'est de le faire de façon méthodique. Une fois par semaine, prenez votre carnet d'adresses et appelez certains de vos contacts sans aucune raison particulière. Ne leur demandez aucun service personnel, seulement des nouvelles de leur vie, de leur travail, de leurs amours, de leurs vacances. Vous pouvez même en profiter pour prendre rendez-vous pour un lunch, un 5 à 7 ou une soirée. Utilisez le téléphone plutôt que le courriel ou le texto. Et faites-le méthodiquement, sans oublier personne. Par ordre alphabétique, par exemple. En une heure ou deux, vous pouvez joindre chaque semaine une vingtaine de personnes importantes. Notez toujours dans votre agenda le nom de l'individu où vous vous êtes arrêté la dernière fois, pour n'oublier personne et pour éviter d'appeler deux fois de suite la même personne lors de votre prochaine séance de *networking*. Si vous maintenez ce rythme, tous vos contacts devraient avoir régulièrement de vos nouvelles, soit environ une fois tous les trois ou quatre mois, ne serait-ce que pour savoir que vous les appréciez. Il est important, je le répète, de faire ces appels sans autre but que celui de maintenir le contact. L'idée derrière tout ça, c'est qu'il ne faut pas, lorsque vous aurez vraiment besoin de telle personne pour un projet, qu'elle entende le son de votre voix pour la première fois en trois ans. Plus le temps s'espace entre les contacts personnels, plus la distance s'installe entre vous. On dit : « loin des yeux, loin du cœur ». Eh bien : « loin dans le temps, loin du cœur » est tout aussi vrai. Il faut rester en vie dans le cœur et dans la tête de l'autre. Les calendriers de dates d'anniversaire sont là pour ça, aussi. Ils vous assurent de ne pas passer plus de douze mois sans parler à vos amis. Mais, si vous voulez mon avis, douze mois, c'est trop long sans nouvelles. Et vous voulez aussi sincèrement avoir des nouvelles de vos amis et de vos contacts sur une base plus régulière. De plus, ces nouvelles constituent souvent des informations très utiles pour savoir tout ce qui se passe autour de vous. Et l'information est aussi une force, voire une forme de pouvoir, diraient certains.

La grande erreur que 95 % des gens commettent, c'est de prétendre qu'ils n'ont « pas le temps », à cause de leur travail, de faire ce genre d'exercice, et encore moins d'y consacrer une heure ou deux par semaine. Ce à quoi je réponds : ne vous méprenez pas, le *networking* est bel et bien une forme de travail. Et ce travail-là est de loin le plus important que vous puissiez faire pour vous et pour votre carrière. Plus important que n'importe quelle tâche imposée par votre patron ou que vous vous imposez vous-même. Votre réseau de contacts, c'est le cœur même de votre vie. C'est là que réside votre succès futur. Vous consacrez une heure ou deux par semaine à votre santé en allant courir ou faire du yoga ? Eh bien, faites la même chose pour votre réseau d'amis. Et si vous me dites que vous n'avez pas le temps à cause des tâches ménagères ou des enfants, je vous enjoins d'engager une femme de ménage ou une nounou une heure ou deux par semaine. L'argent gagné par une demi-journée de *networking* intelligemment utilisé vous rapportera amplement plus que les cent dollars que vous coûtera une femme de ménage cette semaine-là. Les résultats à long terme de l'entretien efficace d'un puissant réseau de contacts sont infinis. Parlez-en au président des États-Unis.

Tiens, je vais vous donner un autre petit truc personnel. J'avoue qu'il est peut-être parfois difficile pour moi de bloquer une demi-journée de *networking* par semaine. Il y a trop d'aléas dans la gestion d'un agenda, surtout lorsque nous travaillons sur plusieurs projets d'importance en même temps. Alors, voici ce que je fais : chaque fois qu'un de mes rendez-vous ou qu'un de mes lunchs est annulé à la dernière minute par l'autre personne, ou quand une réunion est reportée, j'utilise automatiquement ce trou béant dans mon horaire pour faire du *networking* à l'aide de mon carnet d'adresses. Ainsi, aucun temps n'est perdu, puisque cette heure était déjà réservée dans l'agenda. Ces séances surprises de *networking* sont un bonheur pour moi, et elles me permettent aussi d'oublier la frustration de m'être fait « décommander » par quelqu'un.

Si vous travaillez dans un milieu hautement surveillé, où il n'est pas possible de prendre un avant-midi pour faire des téléphones personnels, réservez-vous une séance d'appels d'amis le dimanche après-midi. Vous le faites déjà sûrement pour prendre des nouvelles de votre mère ou de votre fils. Élargissez juste un peu votre séance à vos autres contacts.

Maintenant que vous disposez des meilleures armes, il n'en tient qu'à vous de les utiliser à bon escient.

Conclusion

Nous y voilà. C'est la fin de notre court voyage au pays du *networking*. Peut-être que pour vous il s'agit d'une découverte. Peut-être aussi que vous avez lu dans ce livre ce que vous avez toujours su instinctivement. Certains diront que le *networking* est un art, d'autres, que c'est une science ou une manière de vivre... Le *networking* est pour moi un plaisir autant qu'un travail sérieux. Une voie pour atteindre nos objectifs, *en remplaçant la faiblesse de l'individu par la force du groupe*. Ce qui est sûr, c'est qu'il demande une certaine technique, donc de la pratique. Alors, la prochaine fois qu'on vous invitera à un 5 à 7, à un anniversaire ou au lancement d'un livre et que vous serez tenté de refuser, pensez-y deux fois ! Qui sait si, lors de cet événement qui vous semble *a priori* sans intérêt, vous ne trouverez pas votre prochaine occasion d'affaires, un coup de foudre amical ou même l'âme sœur ? Rappelez-vous le principe de base de tout pratiquant du réseautage : vous n'aurez

JAMAIS trop d'amis. Que ce soit pour enrichir votre vie sociale ou pour vous donner un coup de pouce en affaires, votre réseau vous donnera toujours une longueur d'avance.

Allez, prenez le téléphone et votre liste de contacts et appelez quelqu'un. Demandez-lui de ses nouvelles. Et saluez-le de ma part.

Remerciements

Eh bien, d'abord, merci à ma mère, Constance Racine, de m'avoir appris à lire et à écrire tous les après-midi, alors que j'étais en maternelle. Ça n'a l'air de rien comme ça, mais ça m'a beaucoup servi pour ce livre.

Merci à l'équipe des Éditions de l'Homme : Erwan Leseul, Pascale Mongeon, et en particulier, pour ce livre, à Joëlle Sévigny pour le coaching attentionné. Merci à Amélie Veille, mon auteure préférée et ma première lectrice.

Merci à tous mes amis. Sans vous, je ne serais rien. C'est d'ailleurs pas mal ce que dit ce livre, si on le résume !

Table des matières

Suivez-nous sur le Web

Consultez nos sites Internet et inscrivez-vous à l'infolettre pour rester informé en tout temps de nos publications et de nos concours en ligne. Et croisez aussi vos auteurs préférés et notre équipe sur nos blogues !

EDITIONS-HOMME.COM
EDITIONS-JOUR.COM
EDITIONS-PETITHOMME.COM
EDITIONS-LAGRIFFE.COM

MARQUIS

Québec, Canada

Achevé d'imprimer au Canada
sur papier Enviro 100 % recyclé